有效陪伴

[美]约翰·达菲博士（Dr.John Duffy）
[美]托马斯·费伦博士（Dr.Thomas Phelan） ———— 著

陶尚芸 ———— 译

北京联合出版公司
Beijing United Publishing Co.,Ltd.

图书在版编目（CIP）数据

有效陪伴 /（美）约翰·达菲博士 (Dr. John Duffy),（美）托马斯·费伦博士 (Dr. Thomas Phelan) 著；陶尚芸译 . -- 北京：北京联合出版公司, 2024.4
ISBN 978-7-5596-7400-5

Ⅰ. ①有… Ⅱ. ①约… ②托… ③陶… Ⅲ. ①家庭教育 Ⅳ. ① G78

中国国家版本馆 CIP 数据核字 (2024) 第 036915 号

The Available Parent © 2011 Dr. John Duffy, Dr. Thomas Phelan.
Original English language edition published by Start Midnight LLC 221 River Street, 9th Floor, Hoboken New Jersey 07030, USA.
Arranged via Licensor's Agent: DropCap Inc. All rights reserved.
Simplified Chinese translation copyright © 2022 by Beijing Adagio Culture Co. Ltd.
Simplified Chinese rights arranged through CA-LINK International LLC

北京市版权局著作权合同登记 图字：01-2024-0438 号

有效陪伴

作　者：[美] 约翰·达菲博士　　[美] 托马斯·费伦博士
译　者：陶尚芸
出 品 人：赵红仕
选题统筹：张志元
产品经理：张志元
责任编辑：孙志文
封面设计：尧　丽

北京联合出版公司出版
（北京市西城区德外大街 83 号楼 9 层　100088）
北京联合天畅文化传播公司发行
天津睿和印艺科技有限公司印刷　新华书店经销
字数 200 千字　880 毫米 × 1230 毫米　1/32　8 印张
2024 年 4 月第 1 版　2024 年 4 月第 1 次印刷
ISBN 978-7-5596-7400-5
定价：59.00 元

版权所有，侵权必究
未经书面许可，不得以任何方式转载、复制、翻印本书部分或全部内容
本书若有质量问题，请与本公司图书销售中心联系调换。电话：（010）64258472-800

谨以此书献给我的爱子乔治

对本书的赞誉

"达菲的育儿建议源于激进的乐观主义，这是一种实用主义精神，本质上是把恐惧和控制的需要换成希望和积极的结果。达菲推荐大家对改变的可能性持开放态度，并随时做好准备。他要求父母停止对孩子管头管脚和随意评判，承认和接受他们本来的样子，尊重他们的界限和能力，让他们知道他们有能力主宰自己的世界。只有这样，父母才能真正在一个培养能力和韧性的环境中给孩子提供纪律、方向、理解和爱。"

——《出版人周刊》（*Publishers Weekly*）

"抚养一个十几岁的孩子就像做一个十几岁的孩子一样，也像是体验一场情感的过山车，但临床心理学家、经认证的生活教练和育儿专家达菲向父母们保证，抚养一个十几岁的孩子并不一定是一场混乱而难以控制的旅程。达菲在本书中将父母的自我反思练习与他自己在职业生涯中治疗过的青少年和父母的智慧之言结合在一起，提出了做有效父母的好处，并对青少年独特的心理问题提供了有价值的见解。"

——《科克斯书评》（*Kirkus Reviews*）

"本书以清新、严肃的风格编写而成，书中穿插了达菲博士对青少年及其家庭的众多观察案例。最重要的是，他显然理解青少年的思想，以及抚养孩子长大成人涉及的心理和社会因素……我强烈推荐家长和相关从业者阅读这本书。"

——心理链接网（Psychlinks）

"达菲博士为家长们提供了一个清晰的、直接的、可行的答案：随时沟通！达菲博士的研究清楚地表明，开放、友好的亲子关系是保护孩子免受伤害的主要因素。对于家里有青少年的父母来说，一直存在一个老生常谈的问题："我该如何与孩子相处——我该如何教育他们？"本书提供了一张清晰的蓝图，给出了一个切实有效的回应：处理你必须处理的问题，但最重要的是，随时沟通！"

——托马斯·费伦（Thomas W. Phelan）博士

《魔法教养1-2-3》（*1-2-3 Magic and Surviving Your Adolescents*）作者

"约翰·达菲博士关于有效陪伴的新概念是一个符合时代的创意。随着社会节奏的不断加快，我们现在比以往任何时候都更需要有效陪伴！约翰博士的文笔巧妙、平易近人、切中要害。他把实用的想法和丰富多彩的例子结合起来，提供了深刻的洞见。最重要的是，托这本书的福,我成了一名更好的家长。"

——埃里克·朗舒尔(Eric Langshur)

《我们相互扶持》(*We Carry Each Other*)合著者

"把这本充满智慧的书放在床头柜上,对每个青少年的父母都有好处。他们想读的时候伸手可得,反复阅读也不嫌烦。"

——朱迪·福特(Judy Ford)

《爱你每一天:互相关心的微妙艺术》(*Every Day Love: The Delicate Art of Caring for Each Other*)和《爱孩子的奇妙方式》(*Wonderful Ways to Love a Child*)的作者

"我无法放下这本书,因为我发现自己的内心一直在说'是的,没错!'或者'哦,该死,我希望自己在女儿们十几岁的时候就知道这些'。读完这本书后,我打电话给我的两个女儿(她们现在都20多岁了),问她们,我和我丈夫算不算'有效的父母'。她们都向我保证,我们过去是,现在也是。约翰是一位才华横溢的作家,他对孩子的想法有着敏锐的直觉,他了解父母有时会在不知不觉中破坏亲子关系。约翰用他丰富的经验为父母提供了'内幕消息',了解孩子如何看待他们自己的生活,以及他们真正需要从父母那里得到什么,才能飞跃成为心理健康的年轻人。最重要的是,约翰以流畅、充满智慧和有益的白话文讲述了孩子们惊人的成长故事。任何有孩子的父母（无论孩子多大）都应该阅读并学习这本书。"

——艾琳·诺里斯（Eileen Norris）

畅销书《你：聪明的病人》（*You: The Smart Patient*）的特约撰稿人和编辑，本书为迈哈迈特·奥兹（Mehmet Oz）和迈克·罗森（Mike Roizen）合著

"约翰·达菲写了一本最让人大开眼界的育儿书，对所有父母来说，这本书是可以鼓舞人心的重要工具书。约翰以他与青少年打交道的专业知识和经验为基础，为我们提供了健康、融洽的亲子关系的一个关键要素……本书的书名简单而深刻，让我感到醍醐灌顶！约翰巧妙地定义了有效陪伴的方式，并帮助父母停止与孩子之间不健康的互动。他提供了极好的见解、建议和方法，让我们成为自己渴望成为的有效父母。在整本书中，他使用了现实生活中青少年讨论问题的故事片段，让父母理解青少年的世界里到底发生了什么。这是一本必读书，非常有助于你和孩子建立健康的亲子关系。"

——梅根·沃尔斯（Megan Walls）

CEC，ACC，自觉联系指导中心（Conscious Connections Coaching）

创始人

"我最近读了一本关于如何养育青少年的好书,就是约翰·达菲博士写的这本书,我希望将自己从这本书中学到的知识分享给你们。即使现在你家中没有待养的少年,也会发现这些见解很有帮助,因为它们包含了如何改善我们生活中任何重要关系的建议。"

——生活指南播客(Living Compass)

"多好的礼物啊。这本出色的薄书真正给了你一张蓝图,完全可以服务于你家的少男少女。你会惊讶于自家孩子的能力、积极进取的态度和递增的自尊心。青少年和父母都有适应能力;有了这本非凡的书提供的方法,你和孩子都可以享受不断完善的新型亲子关系。"

——凯特·斯玛特·默索(Kate Smart Mursau)博士
《聪明地育儿:如何培养快乐、能干的孩子》(Smart Parenting: How to Raise Happy, Can-Do Kids)作者

"每个父母都想尽自己最大的努力与孩子并肩作战,而不是与孩子对着干,他们需要向约翰·达菲博士咨询,并应用他的'有效陪伴'策略。作为一名专业记者、作家和三个青少年的妈妈,我很高兴能及时认识达菲博士,他给我提供了一些方法,让我迅速领会了有效陪伴的意义所在。让我惊讶和高兴的是,当我刻意努力去陪伴孩子时,我的孩子也会有意与我亲近!达菲博士是一个值得信赖的向导,也是一个很酷的

人。他真正关心并致力于帮助父母和孩子找到彼此的闪光点。他帮助我和我的孩子打开了一条全新的沟通渠道，让我欣赏并专注于他们的独特性上，而不是'亲子大战'的时刻。"

——玛丽·贝思·萨蒙斯（Mary Beth Sammons）畅销书《带着感恩之心生活》（Living Life as a Thank You）和《勇气伴侣》（The Courage Companion）的合著者、《改变生活的第二幕》（Second Acts That Change Lives）作者

"这是一本有价值且发人深省的资源之书，书中充满了许多宝贵的经验和教训，并为父母提供了跟孩子培养健康关系的独特视角。"

——精神研究中心（Psych Central）

"最好的父母需要鼓励孩子做真实的自己。本书探讨了各种养育方式及其优缺点。例如，沟通和充当导师被视为好事，而徘徊和说教则不然。本书虽然很简短，却对大多数育儿方式进行了全面的回顾，并对如何成为高效育儿的父母进行了注解。

"育儿理念是把孩子培养成有能力的成年人，但父母没有充分意识到它包含的责任，或者被责任压垮。本书向父母们展示了如何在这两个极端之间开辟出一条蹊径。在这条路上，抚养孩子的责任得到了理解，父母们也有了很多犯错的空间，还可以从中获得乐趣。父母们不需要怕犯错误，

这本书给父母们展示了哪些更常见的错误需要避免，以及如何利用自己已知方法的技巧。更好的是，它是以友好且有益的方式来处理这个问题的。对于担心自己养育工作不到位的父母来说，这是一本极好的书。"

——雅迈·佐其姆（Jamais Jochim）

《波特兰书评》（*Portland Book Review*）

"对于育儿指南书来说，没有比还未生育的人更好的读者了，对吧？这是一本令人着迷的书。约翰·达菲博士明智地选择将一些常识重新引入育儿理论。请把你的小老虎玩具放在床上，关掉所有嗡嗡作响的电子设备，陪在孩子身边。哇！谁会想到呢？

"显然，父母做得再好也不为过。达菲引用了治疗实践中的一个又一个案例，在这些案例中，父母整天盯着手机屏幕，幻想着未来，或者评估着过去的行为，使得孩子们要么被忽视，要么被审视，或者两者兼而有之。由于彼此相处的时间很少，亲子关系开始恶化。因此，简单地询问孩子的兴趣和不加评判地倾听，即随时准备好与孩子沟通，对重建亲子关系至关重要。"

——搬砖网（Donkeywork）

"你曾经是否被你孩子的变化和你作为父母的突然失效而搞得全然不知所措？当拥抱和家庭欢乐被沉默、摔门和不断变化的情绪所取代时，你需要新的育儿方法。顶级青少年教育专家约翰·达菲博士在自己的家庭咨询实践中遇到了所有这些问题，他在本书中提供了精彩的建议、清晰的策略和经过青少年反复验证的解决方案。达菲博士可以帮助你改变与孩子之间的关系状态。想象一下，如果健康的对话取代了愤怒的发飙或任性的沉默，会是什么样子。使用本书中的技巧，你可以开始与孩子享受一种健康和令人满意的新型关系，即一种建立在激进乐观基础上的亲子关系，而不是基于恐惧的控制。在许多'直升机父母'对孩子管头管脚却赞赏不足的当下，达菲博士的分步指导是抚养青少年的一种创新做法。"

——时尚泳装网（Hanging Off The Wire）

"这是一本让人耳目一新的育儿书。家庭咨询师、生活教练和顶级青少年教育专家（这是一般人望尘莫及的称号，因此更加值得尊敬）约翰·达菲博士提出了经过验证的宝藏技巧，以应对孩子在青春期及以后的成长阶段的不断变化。什么是有效陪伴的父母？就是能够做到鼓励孩子并能让孩子感受到被倾听、被理解和被支持的父母。不是作为朋友，而是作为有效的父母这样做。作者为我们总结道：'我们的目标是营造一种氛围，让孩子感觉自己能干又坚韧。我们通过关注自己的行为（孩子眼中我们的行为与我们眼中孩子的行为一样疯狂），可以打开沟通的通道，建立信任，并尝试在恐惧、爱和接受之间取得平衡。'父母的不当行为有很多，包括说教、管头管脚、压制、溺爱、贿赂、等待和窥探。幸运的是，这本书的大部分内容都是奏效的方法，以及贴心的提示和练习，可以让我们真正做到有效陪伴。"

——美国最佳书籍评论网（BookPage）

"对我而言，这本书的出现恰逢其时，因为我的大女儿即将进入青春期。我感谢达菲博士的智慧，我知道，这会让我享受女儿们的青春期，而不是"熬过青春期"。在接下来的几年里，我将反复重温这本书——每当我需要提醒自己陪伴孩子们的时候，它重新唤起了我对生命中出现的出色少年的感激之情。"

——凯特·霍珀（Kate Hopper）

《运用你的语言：妈妈写作指南》（*Use Your Words: A Writing Guide for Mothers*）和《准备腾空：早产妈妈之旅》（*Ready for Air: A Journey through Premature Motherhood*）作者

鸣谢

本书的创作经历了一段相当长的旅程，而我并不是一个人在旅行。我衷心感谢：

布伦达·奈特（Brenda Knight）和 Viva Editions 的编辑和营销团队，感谢他们不知疲倦的工作和专业精神，使这本书顺利出版。

我的编辑艾琳·诺里斯，她在我创作早期给予我的指导和热情就是送给我的一份大礼。

福齐亚·伯克（Fauzia Burke）和 FSB 协会的团队，感谢他们的关心和指导，他们的倾情宣传思路清晰，弥漫着浓浓的人情味儿。

我的经纪人，艾柏林律师事务所的克里斯蒂娜·福尔摩斯（Kristina Holmes），感谢她给我的创作带来的信心和能量。

托马斯·费伦博士和玛丽·贝思·萨蒙斯，最慷慨大方的导师。

迈克尔·海尼（Michael Hainey）和安德鲁·桑特拉（Andrew Santella），感谢他们的指导、友谊和支持。

约翰·库西克（John Cusick）神父，感谢他奉献的毕生灵感。

感谢我的妈妈，因为她的力量；感谢我的爸爸，因为他的正直和欢笑。

感谢所有向我提供专业知识、支持和故事的朋友们，尤其是埃里克·朗舒尔、莉兹·弗洛克（Liz Flock）、艾琳·柯林斯（Ilene Collins）和马克·柯林斯（Mark Collins）、玛丽·卢肯斯（Mary Lukens）、戴夫·布尔迪克（Dave Burdick）、凯特·斯玛特·默索、苏珊·莱克罗夫特（Susan Raycroft）、玛西·拉尔森（Marcy Larson）、马特·纳尔巴赫（Matt Nalbach）、乔治·卡罗尔·多尔蒂（George Carroll Dougherty）和玛丽·卡罗尔·多尔蒂（Mary Carroll Dougherty）、查德·欧文（Chad Owen）和蒂芙尼·欧文（Tiffany Owen），以及鲍勃·多纳霍（Bob Donahoe）和洛里·多纳霍（Lori Donahoe）。

玛西·邓恩（Marcy Dunne）和马蒂·邓恩（Marty Dunne），杰西·乌里克（Jaci Uhrick）和托尼·乌里克（Tony Uhrick），感谢他们为这项事业开辟了他们的美丽家园。

我最应该感激的是我出色的妻子朱莉。你耐心地陪着我一起经历了创作过程的每一步，你是我的终极编辑、营销官和冠军。我从你身上学到的有效陪伴技巧比任何人都多。

最后，我要对所有允许我进入他们世界的青少年和父母们致以最深切的感谢。没有你们，就没有这本书的问世。

再版说明

我讨厌我的手机。

不要误会我的意思。我的手机真的很酷，是最新款的 iPhone，安装了很棒的应用程序，等等。但我的工作对象是青少年及其家长。当事情出了岔子，且往往是严重问题的时候，我就和他们并肩作战。想想所有发生在家庭中的事情，这些事情一定会促使他们给我打电话，比如：发生的所有事件或危机、沟通不畅、成绩下滑。

所以，当我的电话响起时，就意味着事情到了非常棘手的地步，肯定是坏消息。坏消息来了，我的"生意"也来了，而且"生意兴隆"。但久而久之，我开始看到那些家庭坏消息的基本模式。这是属于父母权限范围内的事情，我们作为家长，拥有某种程度的掌控力。而且我发现，坏消息是可以避免的，这是一件好事情。

首先，我立志创作这本书，并传播这个好消息。现在我发现，我要重温自己曾经写过的内容，这对我来说是很可怕的事。为了修改这本书，我需要仔仔细细地重读一遍。我在阅读过程中发现自己很焦虑，因为我可能会遇到自己不再认可或者不再产生共鸣的概念或工具条。我害怕关于聚友网站（Myspace）、兰斯·阿姆斯特朗（Lance Armstrong）或圣母大学橄榄球运动必然消亡的过时说法。

当然，对我来说，最可怕的可能性是发现有效陪伴这个概念并没有像我希望的那样站得住脚——已经好几年了，也许已经过时了，或者不再适用了。嗯，我本来不必害怕的。因为有效陪伴的对立手段"无效管教"的每一个因素，甚至包括主要由恐惧、评判和自负心理驱动的想法，仍然坚定而真实，这是我前所未有的感觉。

事实上，自从这本书首次出版以来，我已经花了几年时间讲述和传授这个概念，并围绕该概念与各个家庭展开工作。坦率地说，我发现现在的自己比以往更加相信这个概念，这让我感到非常宽慰。正是通过有效陪伴的态度，我们才能在亲子关系中找到满足感。

所以，毫无疑问，有效陪伴仍然是养育孩子的关键。实际上，再版修订的内容属于重点问题。有效陪伴不仅是一种方便的育儿技巧，也是当今父母的一种必备心态，不仅是青少年的父母，而且是天下所有的父母。最近，我在接待心疗对象家庭，与成千上万的父母交谈、倾听更多青少年的意见时得知，如今存在一个关于有效陪伴的真正危机——我们做父母的极度缺乏有效陪伴的态度。

这种风险是巨大的。几乎每天都有人告诉我，养育子女是他们生活中最重要的部分，是他们优先考虑的事情。父母几乎总是把孩子的幸福放在自己的视野之内。在这个变幻莫测的世界里，这当然是一件好事。

但是有太多时候，我们的育儿过程伴随着为人父母的自负。

有太多时候，我们对孩子评头论足。

还有很多时候，我们的育儿过程伴随着为人父母的恐惧。

对，恐惧！

恐惧是会捉弄人且力量强大的障碍，牢牢地揳入了你现在坐着的地方，就在你的位置和有效、愉快、互动的育儿方式之间。我每天都处在一个独特地位，和那些需要改变的家庭坐在一起。当父母感到恐惧时，他们会采取不同的行动。同理心、倾听和温暖在恐惧的父母面前很容易黯然失色。

父母恐惧是有道理的。我们的孩子也会记住：哦，妈妈对我发火了；她提醒我，当我突然陷入困境时，我不能相信她。

我经常听到这种说法，这是一种很难改变的心态。

当今社会，我们的孩子比以往任何时候都更需要我们，因为世界在以声速包围他们，迫使他们在颤抖的身体还没做好准备就进入青春期，他们甚至需要翻越青春期嘈杂的迷宫，跌跌撞撞地前行。在经历这一切时，他们需要值得自己信赖的引导。

如果你的育儿伴随着恐惧、评判或自负，那么，孩子是孤独的，无助的，无人引导的！是的，风险很高。

但如果你能让自己成为有效陪伴的父母，如果你能识别并根除束缚自己的恐惧、评判和自负，那么，不管形势看起来有多严峻，你都能重拾有效陪伴的父母地位。

你手中掌握着自己的机会，也掌握着你家少男少女的机会。请带着爱、清新、希望和喜悦，引导孩子前进。

也许我可以继续就"育儿问题"玩"单词接龙"了。

推荐序

貌似突然之间,你的小宝贝就成了青少年。"青少年的父母"是你多年来怀着极大的关切和担忧期待的角色。果不其然,现在这份工作交给了你,你意识到这是一次独特的挑战!你那曾经友好的儿子现在看起来闷闷不乐和喜怒无常,对你也冷漠和疏远。在过去的几个月里,你的女儿显然开始相信父母与现实脱节了。这些孩子为什么会变成这样呢?

一位妈妈说:"我女儿上高中的第一天就再也没回来。我的孩子丢了!"通过Facebook和短信,如今的青少年似乎整天都在彼此"联系"。当他们不与同龄人联系时,他们会上网、玩电子游戏或看电视。就好像他们的生活中已经没有父母的空间了。你在餐桌上试图跟孩子交流,比如,口头禅式的问候:"你现在过得怎么样?"你得到的回答很简单,比如:"很好。"谈话结束。又一次沟通失败!

你感到被伤害、被拒绝,你很愤怒、害怕。如果我的儿子开始吸毒怎么办?如果我的女儿开始有性行为怎么办?我到底该拿孩子怎么办?

在这本书中,约翰·达菲博士挺身而出,给出了一个明确的答案:作为青少年的父母,你的首要任务(比其他任何事情都重要)就是与快速变化的孩子保持联系。保持联系是达菲博士所说的有效陪伴的根本前提。有效陪伴是理解你的孩子有时也想疏远你的念头。这会让你回忆起自己的青春往事，即使你有时可能会感到被拒绝，也会尊重孩子的退缩行为。有效陪伴是一种将恐惧和自我抛在脑后的能力，真正倾听孩子想说什么，即使内容让你感到局促不安，你也会耐心聆听。

无论如何，这都不是一项简单的任务，但本书为完成这项任务提供了清晰的路线图。达菲博士首先会带你进入青少年的心理，让你了解他们的内心世界。然后，他解释了为什么父母的自然倾向（比如，窥探、管头管脚、视而不见和贿赂）始终无效。接下来，达菲博士描述了有效陪伴的概念，并提供了与青春期子女重新建立联系的具体方法。此外，针对那些担心有效陪伴意味着放任式教育的父母，本书专门开辟了一章来介绍关于纪律和行为契约的内容。

本书旨在帮助那些处于困境中的"青少年的父母"定义自己的职责。这意味着，对父母来说，首要的任务是接受这个事实，即孩子最终应该脱离家庭，离开家园，与新认识的人建立联系。本书的第二个目标是，当青少年仍然和父母在同一个屋檐下生活的时候，让他们能尽可能多地享受彼此的陪伴。

我到底该拿孩子怎么办？本书会给你答案。

托马斯·费伦博士

《魔法教养1-2-3》作者

序言

"去你的,爸爸!"这个小小少年胆大气粗,眼睛里充满了怒火。

"乔什,我告诉过你,别这么跟我说话。现在我们要和达菲博士谈谈你的成绩。你在数学课上表现怎么样?你妈妈说,她给老师发了邮件。她似乎很焦虑。"

"很好,我做得很棒!"

"是吗?你的老师似乎不这么认为。"

乔什嘲弄和模仿式地回应说:"是吗?你的老师似乎不这么认为。"

乔什的爸爸杰克对我说:"看,达菲博士,这就是我的下场。我提前下班,为了他坐火车过来,结果就是这样。这孩子总是这样!"

作为一个经验丰富的心理医生,我委婉地请杰克离开房间,想单独和乔什谈谈。希望父子俩暂时分开,能让事情平息下来。

"去你的!"爸爸离开的时候,乔什还冲着他嚷嚷。

我热爱我的工作。

"你对爸爸太刻薄了，你不觉得吗？"

"天啊，在我抛弃他之前，他早就把我踢出局了。我对天发誓。"

在我抛弃他之前，他早就把我踢出局了。哇！我知道乔什说的是实话。当我问他具体是什么意思时，他咆哮道："一想到这些事儿就闹心。他对我所做的一切评头论足，就因为他有一次抓到我吸大麻，大概三个月前。从那之后，他对我就不再有说有笑了。以我上次的成绩单为例，除了《现代欧洲》，我其他学科的成绩都是优秀和良好，但《现代欧洲》是他唯一想谈的课程。糟透了，伙计。他好像很讨厌我。他曾经是个不错的人！他以前很冷静。而现在，我只想溜进屋里躲开他。"

这段对话发生在几年前，那天乔什给我上了一课。坦率地说，从那以后，他的话一直萦绕在我的心间。我知道他很真诚，也很痛苦，他巧妙地把这种痛苦伪装成了愤怒。他怀念那些"父慈子孝"的日子。他怀念他们过去在一起的快乐时光。在他眼前，在很短的一段时间内，他的爸爸开始了"无效管教"，越来越心胸狭窄，爱评头论足，而且脾气暴躁。爸爸失去了儿子的信任，儿子也失去了爸爸的关爱。心碎了一地。就像爸爸对乔什的行为感到困惑一样，乔什也对爸爸的变化表示不解。爸爸什么时候变得这么爱生气了？为什么爸爸总是那么严肃？持续不断的"严刑逼供"是怎么回事？我们以前的快乐都去哪儿了？

所以，有时候乔什实际上放弃了挣扎，接受了已经改变的事实，由于某些原因，爸爸对他来说不再像以前那样"有效"了。爸爸也对自己的"无效管教"听之任之。随着父子之爱和信任慢慢被侵蚀，他们之间的心墙也慢慢竖立起来。随着每一次无效互动，这堵墙变得越来越高、越来越坚固。很快，这段曾经充满关爱的关系充斥着愤怒、严厉和疏远。父子冲突完全定义并吞噬了亲子关系。大家可能对乔什和爸爸之间的家庭冲突场景司空见惯。如果是这样，相信我，事情不一定非得这样。

在那次与杰克父子进行过谈话之后，我一次又一次地目睹了类似的家庭冲突。总的来说，我已经意识到，不是我们的孩子"不可救药"，而是父母往往"先发制人"。我们带着评判、恐惧和自负攻击孩子。在很多情况下，我们都在进行"无效管教"，而我们的孩子也只是以牙还牙而已。

说明：为了保密，序言中所有人的身份信息都已做了更改。

概述

什么是真正的有效陪伴	003
激进的乐观主义	008
足够好的少年	010
我眼中的青少年	012
能力和韧性	015
试试这个冥想练习	017

第一部分 小小少年的狂野世界

数据太多,过滤太少	023
这里不是堪萨斯	025
青春期孩子的心理	029
社会安全感的缺失	031
脱离父母,告别昨天	033
青春期叛逆的本质	037
与孩子谈谈性	040
亲密:不仅仅是勾搭	046
身体形象:更衣室霸凌	048
如何对待同性恋问题	050

第二部分 细数无效管教的损招

无效管教 1：说教	055
鲍勃的故事	058
无效管教 2："替孩子过日子"	061
无效管教 3：管头管脚	064
内幕消息	067
无效管教 4：窥探	069
无效管教 5：小瞧了孩子	073
小心措辞：不要嘲笑 97 磅重的体弱少年	076
无效管教 6：视而不见	078
何时寻求帮助	082
无效管教 7：评头论足	084
你的育儿剧没有观众	089
无效管教 8：抑制孩子成长	091
无效管教 9：溺爱	094
无效管教 10：过度放纵	096
"酷父母"：自由式家庭	098
无效管教 11：贿赂	101
无效管教 12：一个唱红脸，一个唱白脸	104
爸爸们面临的挑战	106
无效管教 13：等待	108

第三部分 细品有效陪伴的妙招

有效陪伴 1：父母的自负心理战	115
别扯到你自己身上	120
愿望清单	125
情绪管理的榜样：原谅我，爸爸	127
挖掘你的直觉	129
有效陪伴 2：争取加分项	131
给"情感账户"充值	131
简单致谢	135
欢笑的多重好处	137
走出舒适区，陪孩子参加音乐会	140
有效陪伴 3：沟通和互动	143
有效陪伴和无效管教：音乐的力量	145
亲子互动的其他方式	150
充分利用每一刻	152
亲子和友谊	154
转移能量	155
重启沟通	158
让父母少跟我啰唆	163
有效陪伴 4：呵护时刻	165
远离手机	165
你会给孩子发短信吗	170
向上看	171
有效陪伴 5：心态平静，后果明确	173
纪律处分	173

惩罚、奖励、后果	177
行为契约	178
行为契约范文	181
何时说不：听从直觉	183
有效陪伴 6：顿悟时刻	**185**
喜爱和赞赏	185
每日冥想	188
找到强项所在的角落	188
支持孩子的兴趣	191
与青少年对话	193
培养自控能力	194
如何教养"怪孩子"	199
转向你的孩子	202
有效陪伴 7：改变自己	**203**
榜样的力量	203
你是孩子的榜样吗	207
有效陪伴 8：拒绝无效陪伴，父母担纲顾问	**209**
被震撼到了	212
有效陪伴效果佳	214
有效陪伴可以不完美	217
结语	**219**
作者小传	**221**
致读者	**223**

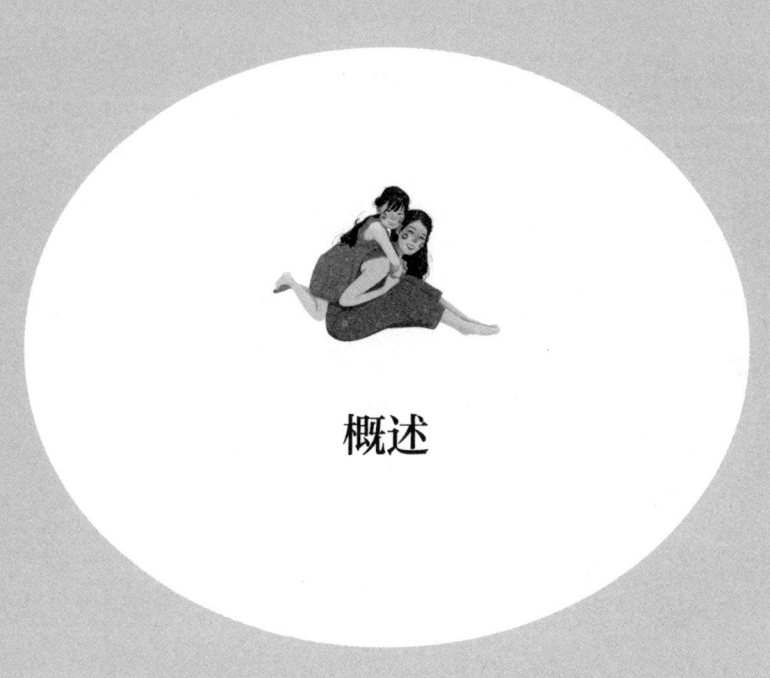

概述

"充分见证童年和成年之间稍纵即逝的宝贵岁月吧!多么快乐!多么荣幸!"

什么是真正的有效陪伴

青少年时期貌似和孩童时期大不相同，不是吗？童年时期的许多细腻、温和、圆润等特征已经被更具棱角的身体线条、肌肉、身高和发型所取代。在青春期前期，孩子的个性似乎更尖锐。十几年来，他们一直笑容可掬，可如今，眉宇间承载着一股沉重、深沉和阴郁。你害怕孤独或沮丧降临到他们身上。他们的外貌变化，只是冰山一角，不是吗？他们要做与众不同之事，他们变得自负，喜怒无常，难以捉摸，让人担忧。他们肯定没以前那么快乐了。他们与你的关系也没以前那么和谐了。到底发生了什么？相比之下，到目前为止，你们在一起的生活几乎是幸福的，充满了乐趣和笑声、学习和分享。而分享的部分，现在似乎真的缺失了。他们似乎真的不想和你说话，也不想与你分享。他们貌似在疏远你、回避你。他们的卧室是一个保险库，里面装满了你不再知道的秘密和谜底。你发现自己处于一种矛盾的境地，为失去一个非常活跃的人而悲伤，而这个人,你能听到他打呼噜、打电话,或者大步走向楼上的浴室。你会感到无力和恐惧。你听过,也读过,对青春期的恐惧会贯穿孩子的生活。但你总以为自己的孩子会幸免于此,结果还是如期遭遇。然而你内心深处知道事情不一定非得这样。

如果你产生了共鸣,那就对了。纵然这种情况已经持续多年,同样的情况在你与你父母的关系中发生,也在他们与他们父母的关系中发生,你这么想,那也对了。不一定非得这样。我写这本书是因为我看到了家庭的变化。在我的工作中,我很幸运地目睹了青少年及其父母以健康的方式重新建立联系,为各方面的成长创造了条件。是的,抚养青少年的差事,有时会困难重重,但我知道,如果以截然不同的正确方式感知这些年的历程,你可以重新找回自己的方向和位置,再次邂逅欢乐的时光。

但我发现,事实上,我们中的许多人总体上对青少年抱有偏见。每个星期,我都会和前来寻求帮助的父母交谈,他们经常挤眉弄眼地解释自己的困境:"嗯,你懂的,青春期的孩子……"通常,人们的假设是:一旦孩子跨入青春期,他们就变得对立、挑衅、难相处、不值得信任、不怀好意。人们将这一切都归罪于他们的年龄。实际上,这是他们无法控制的事情。有时候,我觉得我们对青少年的刻板印象比其他任何群体都严重。总的来说,这些偏见是不正确的。我们的每个孩子都是一个独立的个体,有着他自己的背景故事和环境细节,这些都成就了他现在的独特个性。但是,没有一个青少年是坏孩子,他们都不是坏家伙。我们知道,在内心深处,即使是孩子最消极的行为,也暗示着某种东西,而不是与生俱来的邪恶。

尽管如此,我还是看到一些父母像对待陌生人一样对待自己的孩子。我看到一些父母很少对自己的孩子表现出积极的尊重。我常常在想,父母们是否还记得自己也曾是十几岁的孩子,也曾穿梭于跟现在的自己一样疲惫不堪的父母和其他不信任自己的成年人周围。我们现在都已经为人父母,不能这么快就忘记过往。

现在,我不确定的是,为什么我们觉得有必要紧紧抓住青春期的恐惧呢?难道这是一种文化吗?每个人对青少年都有恐惧感,所以,青春期恐惧已经成为一种育儿文化,我们也许还可以从中找到一些慰藉。当事情出了岔子的时候,该文化为我们提供了一个借口,比如,"嗯,就像书里说的,她处于青春疯狂期,我能怎么办呢?"不管怎样,我认为,如果我们改变观念,把我们的青少年视为与众不同的个体,那么,管教他们就不会那么令人生畏,而是会变得更加愉快。大家一起共勉吧!

传统观念认为,青少年缺乏沟通能力,他们常常完全不和父母交谈。然而,根据我的经验,我发现父母对抚养青春期孩子的焦虑往往会让父母变得更加焦虑,以至于孩子基本没有机会与父母亲密接触。我认为，通常情况下，对于青春期的孩子而言，如果父母不愿意倾听他们的心声，不愿意与他们进行恰当且有效的沟通，他们会做出反应。乔什和爸爸的情况就是如此。事实上，多年来，有很多青少年向我表达了这种情绪。父母们都在评判自己的孩子，希望他们成为与自己不同的人。父母经常担心这些事情：他们的孩子对学校不感兴趣，经常参加聚会，或者玩电子游戏的时间太长。父母对孩子评头论足，会给亲子关系增添感情包袱，往往限制了亲子沟通的影响力，削弱了自己享受亲子互动的能力。

青少年觉得自己被忽视、被误解，父母因孩子的变化和自己作为父母的突然"失效"感到困惑。于是，父母采取无效管教，青春期孩子便以牙还牙，这就开启了消极且破坏性极强的亲子交流恶性循环。

我可以想象，一些家长读到以上内容时会想：这是什么意思？我一直陪伴在我孩子的身边呀。我开车送他去各地，指导他的球队，问他学校的事儿。但是，这些都不是真正的"有效陪伴"。如果你想让他们改变自己，如果你非常苛刻，还吹毛求疵地评判他们，如果你的焦虑一直盘踞在内心深处，那就不是真正的陪伴。

有效陪伴的父母愿意与青春期的孩子讨论问题，提供解决难题的建议和方法，但不是非要求孩子这样做。他们允许孩子犯一些错误，并设置约束，主要在健康和安全方面做出努力。他们从不说教，随叫随到，但没有控制欲。他们有自知之明，在与孩子相处时能控制自己的情绪。他们是无条件地爱和拥抱孩子，也乐于接受新的、不同的思维方式。因此，他们既不残忍也不轻蔑。这样的父母很有趣，能在紧张的僵局中给人带来轻松感。这说明，他的陪伴绝对没有任何条件。有效陪伴的父母会培养出优秀的孩子、青少年和成年人。

我认为，我们现在有一种倾向，即父母过度管教和时刻监管自己的孩子，且不能充分欣赏孩子。试着改变你们亲子关系的状态吧。作为父母，如果你能做到这一点，就可以和孩子享受一种健康的、令人满意和兴奋的新型亲子关系。这种关系的基础不是恐惧，而是激进的乐观主义。

随着孩子 13 岁生日的临近，我们都可以松一口气了。

激进的乐观主义

我想分享一下我和一位少女的妈妈的电话交谈内容。她向我描述了她对女儿的所有担忧。她的女儿17岁,聪明漂亮,但成绩下滑得很厉害,还开始尝试喝酒。她非常诚实地告诉我,她担心女儿会"坠入深渊"。她想象着女儿辍学、成为一名瘾君子、流落街头的情景。她担心女儿可能根本活不过十几岁。但是,这位妈妈,请你闭嘴!你的女儿只是喝了几杯玛格丽塔酒,在学校的几次考试中勉强及格,我们就要这么突兀地判定她的一生吗?难怪你这么焦虑。

这位妈妈最不想做的事就是和女儿一起享受生活。由于恐惧和焦虑,她甚至无法想象自己会培养出一个成功的、茁壮成长的女儿。她只是希望她、她的丈夫和她的女儿能一口气熬过这几年!这对父母来说是多么危险的念头:只是熬过去。"熬过去"不允许有希望和欢乐,只是希望时间可以过得快一点儿,而我们往往没有意识到这几年的时间是多么宝贵。当然,时间已经过去了,一切也就太晚了。

最后，这位妈妈告诉我，她失去了盼头。在接下来的几个星期里，我询问其他父母的感受。令我惊讶的是，这种绝望竟然是一种普遍现象。我经常听到有的父母这样说："哦，如果我能让他过18岁生日就好了！"

当你们阅读这本书的时候，我鼓励你们把恐惧放在一边，对你们的亲子关系充满希望和乐观。如果你允许这种可能性，就可以重新找到联系你和孩子的纽带，并在这段关系中找到自己的力量，去引导孩子度过青春期的惊涛骇浪，无所畏惧地为孩子提供他们需要的自由空间，让他们感到自己的强大和能干。学习有效陪伴，你可以感受到亲子关系的发展。

这本书诞生于我过去几年与众多家庭中的父母、青少年打交道的经验：那些向我寻求专业帮助的家庭，那些我认识的家庭，那些动荡的家庭和平静的家庭，那些有效的父母和不那么有效的父母。然而，我最看好的讨论是与我在过去十年左右的时间里有机会结识并合作的数百名青少年进行的。他们的聪明、成熟和简单的想法为我的论题提供了清晰的愿景，如果没有他们，我永远不可能发现这一点。有效陪伴这个概念本身就是这些讨论的产物。这些十几岁的青少年让我产生了激进的乐观主义情绪。

足够好的少年

"如果我变成了你们想象中的样子,你们一定会爱我吧。"

——艾米(15岁)

作为父母,你面临的第一个挑战是承认并接受孩子真实的样子。有太多时候,我们希望我们的孩子与众不同,而不是成为他们自己选择成为的样子。我们对孩子评头论足,而孩子收到的明确信息往往是"你不够好"。我和许多父母合作过,他们会列出一个清单,表明孩子需要改变的一长串事项,以达到"足够好"的水平。如果这种情况能引起你的共鸣,就考虑和孩子一起过一种平静的生活,选择不去评判孩子,而是支持、接受和爱他们。你需要知道,你读完这段话之前就可以决定,从现在开始,孩子在你眼里永远是"足够好的少年"。

"足够好"是一个起点,而不是终点。为了与孩子建立良好关系，为了对他们的生活产生影响，你需要认可和接受他们，也要考验他们。你需要尊重孩子的边界感，并表明你相信他们有能力掌控自己的生活。现在，你认可和接受孩子可能并不意味着他们很乐意和你坐下来认真谈论成绩，你也永远无法获得他们的答案。我看到过很多情况，青少年在遇到困难时会寻求父母的帮助。相信我，如果没有接受和认可，这是不会发生的。这一点我很确定。

一旦你不偏不倚地公开认可、接受和考验孩子，你就是称职的父母。然后你才能真正开始"为人父母"，你的教育和引导会变得有效，你的意见对孩子会很重要。当孩子在深夜做出艰难的决定时，你的声音会出现在他们的脑海中。如果孩子认为自己在你眼里不够好，他们也会放弃你们之间的良性亲子关系。但是，请记住，先放弃这段亲情的人一定是你！不要做这样的父母。拒绝孩子，会带给你心痛和沮丧，以及多年的不快乐和恐惧。从接受、承认和理解开始，你就会有所收获。真正做到有效陪伴，你们的亲子关系就会成为家庭生活中最大的乐趣之一。

我眼中的青少年

在过去几年的实践中，我注意到了一个有趣的趋势。我很荣幸能够以一种相互尊重、真诚的方式去认识一大群形形色色的青少年。当我开导的青少年似乎对我在治疗中分享的见解印象深刻时，我经常告诉他们，透过我的眼睛看到的他们的世界更客观真实，因为我有"客观地观察的能力"。也就是说，我不会像他们的父母或他们自己那样，在情感上沉浸在他们自己的故事中不能自拔。我客观地观察的能力迟早会派上用场。这种能力可以让我从这些孩子的固执中听到智慧的元素，从他们对电子游戏的兴趣、违反宵禁、抽大麻或其他被父母描述为"令人不安"或"不可接受"的习惯中听到理性的元素。一些临床医生往往很快就会给这些习惯贴上"病态"或"反社会"的标签。这些年来，这些孩子告诉我，在诊断和用药之前，我们很有必要去简单地倾听、真正地倾听他们。

实际上，不管青少年遇到什么困难来找我咨询，我都深信他们是最体贴、最有同情心、最聪明的孩子,通常也是最滑稽的小家伙。我的愿望是,你作为孩子的父母,也能在他们身上体验到同样充满希望的兴奋。比如,巴尼和拉菲整天跟你腻歪在一起。你不遗余力地照顾他们。你开车的时候,他们在车里大吵大闹,你忍住愤怒并不停地安慰他们。你为他们操心,为他们提供衣食,养育着他们。为什么仅仅因为他们进入了一个新的人生阶段,你就突然失去了经营亲子关系的乐趣呢?青春期转瞬即逝,青春期少年无视管教,这是一段令人兴奋的新冒险。你不想亲眼见证吗?

悲剧很有可能并不在于孩子现在做了什么,或者不做什么。唉,如果你错过了孩子的青春期,那才是悲剧呢。

事情的真相是,我的关注和正向关怀对我开导的青少年来说是小小的安慰。几天前,一个小家伙心碎地意识到,我是他生命中最接近爸爸形象的人。他知道我的支持只是他真正需要的东西的一份拙劣的临摹。虽然孩子可能不会直接说出来,但他们想要你的关注、爱和正向关怀。

当我的孩子快速度过他们的青春期时,我经常注意到时间的飞逝。我想好好享受他们的成长,沉醉于他们的每一个年龄和每一个阶段。我发现他们在很多方面都是非凡、奇妙和不可思议的。我知道我们会有挣扎、争吵和分歧。我知道,当他们走出家门,走进外面世界带给他们的一切时,我有时会感到焦虑。但我也敏锐地意识到，我想了解他们。无论遇到什么坎坷，我都想了解他们。

我可以想象孩子已经长大成人，把青春期丢在了身后。我认为，对作为父母的很多人来说，最害怕的是在情感上与十几岁的孩子决裂，这种决裂会延续到孩子成年后。这确实是一件可怕的事情。相信我们都曾见过这种情况。你们中的许多人可能在成年后意识到了与自己父母的关系中存在这种问题。我坚信，如果你能在孩子十几岁的时候陪伴他们，就能在以后的岁月里和他们建立健康、友爱的关系。随着年龄的增长，我想我们都开始意识到生命是多么短暂，我们一家人在一起的时光是多么短暂。为什么不敞开心扉设定一个充满爱的有效陪伴标准呢？

能力和韧性

尽管养育十几岁的孩子会让你每天感到困惑，但我希望你记住，我们的工作实际上非常明确。我们的目标是营造一种氛围，让孩子感觉自己能干又坚韧。是的，能干又坚韧！只要你记住这个目标，当你需要对孩子青春期的相关问题做一些决定时，无论是纪律、霸凌、学校、毒品方面，还是孩子看太多电视，你的育儿指南针都会指向一个明确的方向。随着时间的推移，你会对自己的决策能力和决策产生的结果越来越满意。

此外，你需要知道自己拥有各种影响力，你需要成为孩子生活中的一股力量。最近的研究表明，绝大多数青少年与同龄人相处的时间至少是与父母相处时间的三倍。尽管有这样的统计数据，但相关研究还是继续支持这样的观点：到目前为止，父母在信仰和决策方面对青少年产生的影响仍然最大。你仍然是孩子的主要榜样，你对孩子的影响力比你想象的更大。

你的有效陪伴将带给自己信念的力量，提升自己的影响力，结合孩子内在的力量和智慧，你将带领孩子战胜任何挑战。如果你对这种说法的第一反应是"我不确定孩子是否拥有你所说的这种力量和智慧"。我明白你的意思——孩子没有展示力量和智慧，他们做出了愚蠢的决定，总是被心魔困住，也没有动力，等等。尽管出现了这么多的负面证据，但请相信我，如果孩子像我多年来遇到的其他青少年一样，那么力量和智慧肯定存在。敞开心扉，做有效的父母，对孩子有信心，你慢慢（也许非常慢）就会开始看到他们的变化。如果你把自己封闭在这种机会之外，对孩子做最坏的打算，就是在助长一个自暴自弃、自我应验的预言，真没这个必要。

有效陪伴与其他的自助育儿技巧相比有着关键的不同之处。这里的焦点不是你孩子的行为，因为你通常很少能或根本不能恰当地控制孩子的行为，这里的关键是你作为父母的行为，你对此拥有高度控制权。

你可能会想，为什么必须改变的是我？是孩子制造了所有的混乱，他们胡乱发短信，他们的荷尔蒙爆棚！嗯，事实是，你必须做有效的父母，因为养育孩子是你的首要任务，因为你非常关心孩子，以及他们的未来。也许最重要的是，你不想对孩子感到恐惧，也不想为他们感到焦虑。你应该知道，在恐惧和焦虑的时候，几乎无法做出最佳决定。你更愿意与孩子和谐沟通，而不是激发焦虑和冲突。你的有效陪伴最令人印象深刻的副产品是，你们共同享受彼此之间相处和谐的关系，以及对青春期的恐惧消失殆尽。这更符合你想要的生活方式，而且你在内心深处明白，这将为孩子在长大后选择生活方式提供一个良好的模式。

顺便说一下，你不需要在这些方面做到完美，提高自己的意识就可以。你的每次改变都会产生显著的积极结果。

试试这个冥想练习

请容许我推荐一个几分钟的冥想练习。把孩子从她的卧室叫到客厅来，她可以阅读、打电话、玩游戏或者听音乐。对这个练习而言，只要孩子有事做，不闲着就行。现在，你在另一个房间找一个舒适的位置坐下。首先，我要求你在这段时间里，将自己对孩子的愤怒、恶意、失望或怨恨，统统从自己的脑海中轻轻抹去。花点时间独处，闭上眼睛，做几次深呼吸。在接下来的几分钟里，假设这个世界一切正常。你什么也不用担心，可以抛开一切顾虑，就现在，抛到九霄云外。当你吸气时，让自己的肺充满一种幸福满足的感觉。当你呼气时，想象自己的消极想法已经离开。一旦平静下来，请睁开眼睛，站起来，走进孩子待着的房间，坐下来，继续深呼吸。

当你注意自己的呼吸时，小心地观察孩子一会儿。静静地坐着，看着，听着。不要对自己有任何要求，记住你在孩子身上看到了什么，从她那里听到了什么。再看看她头发的光泽。允许自己为她完美的纤纤玉手而惊叹。听听她的说话声、欢笑声和呼吸声，看看她的微笑。她在哪些方面像你？现在，看看她美丽的眼睛。你有多久没有这样欣赏她的面容了？你家的青春少女就是你生命里的奇迹。

当你感觉一切准备就绪的时候，回到自己开始冥想练习的房间，放松和呼吸。坐下来，再深呼吸几次。现在，想想这个十几岁的小姑娘。你现在对她有什么感觉？

在这个冥想练习中，我鼓励你带着敬畏之心和好奇心去看待你家的少女，就像你第一次看到她时一样，那时她还在襁褓中。如果你在练习冥想时完全投入，我敢打赌，你的感觉一定很好。如果你经常这样做，可能会发现自己养成了感恩的习惯，感恩这位小小少女出现在你的生活中。她让事情变得有趣，不是吗？她是一股力量。是的，她有时会让人心烦意乱。可她也有自己的难处。然而，揭开表象看真谛，这位小小少女是多么美妙和令人惊叹呀，真是个奇迹。作为父母，你真是太幸运了。你有机会养育这个非常出色且充满挑战个性的小姑娘，影响她未来的生活、你的生活、你的家庭，甚至每个人的未来。没错，你的责任重大，但回报也无与伦比。

第一部分

/

小小少年的狂野世界

"我在她这个年纪的时候,什么都知道。现在,我觉得自己什么都不知道!就像造物主跟我开的小玩笑。"

——莉齐(16岁)的妈妈

数据太多，过滤太少

想一想，你家的小小少年如今过着怎样的生活。他们被各类信息狂轰滥炸：Twitter、Facebook、YouTube、短信、智能手机、来自互联网的多感官攻击，描绘暴力和性的电影、ipod、iphone、itouch、ipad 和其他一切"i"产品。青少年平均每天会花 6～8 个小时接触某种形式的媒介。在当今社会，青少年的世界里充斥着各种电子产品。

对于青少年来说，互联网犹如"狂野的西部"。这里有太多的信息可用，却没有经过太多编辑或过滤，这是青少年的一个雷区。在我们小时候，我们都知道，我们不得不费尽心思去寻找父母不想让我们看到的关于性、毒品和摇滚的那些信息。现在的孩子可以简单地登录网页，他们可以接触到的数据比我们在青少年时期想象得到的更多。作为父母，我们对孩子获取信息的影响力微乎其微，这一点从来没有像现在这样明确。

还要记住，你家的少年可能喜欢所有高科技产品。如果你对此表示不屑，可能会失去他的尊重和关注。当今，在大多数情况下，父母需要从孩子身上学习影响他们思维的东西。我们必须承认，在信息传播方面，我们的孩子比我们知道得更多。当然，这种困境也为我们提供了一个绝佳的机会，可以让我们与孩子交谈，挖掘他们的专业知识，并向他们学习。问问你的孩子："你们是如何沟通的？你有何高见？你是如何处理这一切的？"要不断询问并真正表达出好奇心。青少年热衷于变身为专家和老师，这会培养他们的能力感。在他们的"雷达"探测不到的地方，你和他们的亲子关系得到了发展和加深，真是受益匪浅。

现在，你需要认识到，这里有一个悖论在起作用。的确，现在的青少年比以往任何时候都更喜欢改变说话的姿态。青少年有无限多的方式与他人保持联系和获取信息，但从某种程度上讲，这也使他们比以往任何时候都更加孤立。尽管青少年可以通过手机、短信、Facebook、Skype 和互动视频游戏与朋友和同伴不断保持联系，但令人惊讶的是，仍有相当比例的青少年继续将自己的生活描述为"空虚"和"无聊"。当孩子上网、玩电子游戏或者用手机发信息时，他通常是孤独的。作为父母，我们需要认识到孩子遭遇了未经过滤的信息的狂轰滥炸。我们还需要明白，信息超载并不能真正满足孩子的社交需求。

这里不是堪萨斯

当然,信息超载并不是青少年压力的唯一来源。你需要意识到,孩子会用好奇的眼光审视面前的新世界。首先,你需要知道,在美国,青少年滥用药物的现象司空见惯。在美国的许多青少年圈子里,抽大麻根本不是禁忌,而且越来越多的美国人认为,抽大麻比吸食其他任何毒品(甚至比喝酒)更明智、更安全、更自然。此外,许多美国青少年还会尝试更烈性的毒品。在我的办公室里,我听到了很多关于可卡因、迷幻蘑菇、海洛因和摇头丸的事,更多的是处方药,包括抗抑郁药、抗焦虑药、情绪稳定剂,当然还有治疗多动症的利他林和阿得洛尔。近年来,许多美国青少年也会和朋友分享他们的药物。例如,他们可能会卖给朋友一些利他林来度过"考试周",或者在聚会时分发阿普唑仑。这种情况经常发生,在现在的青少年看来,把少量毒品卖给朋友通常不算是"交易"。毒品不再被视为导致精神崩溃的元凶。邻家可爱的优等生也可能会吸毒。

随着信息的泛滥和毒品的唾手可得，当今美国青少年的社会压力和学业要求也在飙升。性行为是青少年生活的一部分，而且他们的年龄比以往任何时候都小。人世间出现了太多身体上的攻击、言语上的辱骂和互联网上的虚拟霸凌。男孩之间的霸凌行为很严重，而女孩之间的霸凌行为似乎更严重，更具破坏性。

青少年的学业压力也逐年增大。如今，老师给高中生布置的家庭作业通常是他们父母那一代人的 3～4 倍。大学的录取标准也大幅度提高，迫使学生不得不在学业上取得优异成绩，选择他们能承受的最具挑战性的班级或课程，比如，荣誉班、速成班和 AP 课程[1]。家长们聘请家庭教师指导孩子获得尽可能高的 ACT 和 SAT 分数。这些分数越来越高，孩子们越来越难通过考试让自己脱颖而出。所以，他们会把课外活动（运动会、兴趣小组、俱乐部、戏剧）放在学业之上。有些孩子一个晚上要参加两次、三次甚至四次会谈或实践，然后才能开始做家庭作业，睡眠自然而然也会受到很大影响。最终的结果是他们压力重重且疲惫不堪。他们所经历的超出了我们小时候经历的任何事情。

当然，还有一些孩子玩嗨了。他们几乎不做家庭作业，待在自己的房间里，发短信、玩游戏到深夜，小小的屏幕照亮了他们的脸

---

[1] AP 课程一般指美国大学先修课程（Advanced Placement）。——译者注

庞。这些孩子经常被送到我这里和其他治疗师那里，目的通常是让他们走上"正道"，考出好成绩，简历可以被炮制得像班里尖子生的一样漂亮。但我们必须认识到，这些孩子也有压力。他们只是选择了一种不同的自我管理方式。由于对自己的能力和韧性缺乏信心，他们停止了努力。但是，请父母不要在这里欺骗自己。你家的"小电视迷"承受的压力和他们班上1%的尖子生一样大。对于青少年来说，这确实是一段艰难的时期。

真是令人提心吊胆。孩子可能不会告诉你，其实很多青少年自己也不知所措。所以，尽管他们的青春期对你来说是陌生的、新鲜的，但请想象一下他们内心的感受。他们的身体在变化，社会规则在变化，他们的情绪更冲动，有时甚至令人恐惧，性欲在萌动，家庭关系也在变化。也就是说，与你相伴的孩子被青春期的到来吓坏了。更可怕的是，孩子的许多经历都发生在父母的视线之外。我们看不到他们在做什么，也经常听不到他们在做什么。他们外出的时间比其他任何一代人都多，在家时也仅仅是把自己关在卧室里自娱自乐。

所以，这是个残酷的事实。你对孩子最担心的事情会发生，或者说很有可能会发生。孩子很可能会尝试吸食大麻、喝酒、有性行为、考试作弊、飙车、逃课，以及做其他一些你肯定不认可的事情。无论你如何小心谨慎或全心全意地做父母，都不能开出对现实世界免疫的处方。是的，你对自己十几岁的孩子最担心的事情很可能会变成现实。我只是觉得这些不应该是你最害怕的。青春期不是人生赛程的尽头，不是性格发展的终点，也不是父母育儿智慧的最终产物。嗯，青春期是人生中一个快速成长的阶段，也是一个关键时期，青春期的孩子喜欢不断尝试新事物，总是会犯很多错误，这也让他们的性格得以塑造和发展。孩子的每一次经历和失误都为你提供了一个机会，让你努力做到有效陪伴，培养孩子的韧性，加深你们之间的关系。相信我，风平浪静的日子里很少有这样的大好机会。

青春期孩子的心理

青春期带来的认知变化对于正在向青春期过渡的青少年来说是难以应对的。发育滞后的孩子在学校可能会受苦，但随着正常发育，这些孩子会赶上同龄的孩子。我们需要意识到，这种转变对孩子来说可能是一种折磨，并认识到我们的孩子相对于同龄孩子认知发展水平的差距在哪里。

伴随青春期孩子认知发生变化的是他们自我意识的增强。这种变化会帮助青少年比以前更有效地学习。他们能够间接地思考和学习，无须亲身体验就可以理解各种情境，这是认知发展一个非常重要的组成部分。当然，有了这种自我意识，孩子很快就会变得更加自觉。青少年会敏锐地意识到自己是如何向他人展示自己的。这非常重要，因为可以磨炼他们解读社交线索的技能。随后，他们可以适应和调整自己的行为，以获得社会的认可，避免被他人排斥。

然而，对许多青少年来说，发展自觉意识会造成巨大的心乱和心痛。多年前，一个年轻人接受了我的开导，他是由于自觉意识而患上了相当严重的社交焦虑症。他晚上会花几个小时回顾自己白天的社交活动，和同龄人一起批评自己的表现。他有时会发短信给朋友，问他们觉得他的行为是否恰当，或者他白天说的话或做的事是否无意中冒犯了他人。他说，他经常觉得自己像个"白痴"或"蠢驴"。对这个年轻人来说，管理他的自觉意识几乎成了一项全职工作！虽然这个故事代表了一个极端，但我之所以拿出来分析，是因为这种现象即使在最高能的青少年身上也并不罕见。你在青少年时期很可能就对这些焦虑司空见惯了。当然，你可以假设，对许多人来说，发展自觉意识是有代价的。我记得这个男孩告诉我，他渴望自己"年少时"的懵懂无知，那时他最关心的是芝加哥小熊队会不会赢。顺便说一下，通常情况下小熊队不会赢。

社会安全感的缺失

"每个人都爱我。至少我是这么认为的。我很好奇,如果他们知道我讨厌自己,他们会怎么想呢?"

——凯莉(16岁)

你需要知道,几乎所有的青少年都缺乏社会安全感,至少在某些时候是这样的。外表、态度和看似轻松的谈吐可能会暴露这一普遍事实。这是这个年龄段孩子的特性。随着身心的不断变化,青少年有不安全感也就不足为奇了。尽管每一本介绍青春期孩子的教科书都是这样说的,但我并不完全确定这就是事实,直到我开始询问青春期的孩子,而这些少男少女也非常愿意和我谈论这个话题。青少年对自己的身体、智力、社会接受度和可爱度都缺乏安全感。问题是,可能孩子也像许多人一样,不会向你展示他们脆弱的一面。许多青少年确实表现出明显的不安全感,但也有许多青少年显得骄傲自大，甚至过度自信。要知道，这只是一种防御性的虚张声势。这段时期也是孩子一生中最脆弱的时期。知道了这一点，你就可以灵活处理这个问题，不受其表象的影响。

大多数和我并肩作战的青少年也告诉我，他们经常感到孤独，尽管他们中的许多人在学校、课外活动中和社交场合忙得不可开交，但这并不能赶走他们的孤独感。至少在某些时候，他们会感到孤独，还常常感到悲伤。这并不一定会导致孩子陷入恐慌，但作为父母，你一定要知情。这很重要，因为对你来说，他们的这些情绪并不总是显而易见。事实上，许多感到悲伤和孤独的青少年在父母面前表现为愤怒、傲慢和难以相处。还有些青少年可能只是躲进自己的房间里，你看不到任何表明他们感受的迹象。你要认识到，孩子可能经常在想其他的事情，可能还没有培养出"一切都会过去"的理性思维。他们的社交、学业或情感问题对他们来说可能真是灾难性的，即使在你看来，他们的问题也相对无关紧要。我鼓励你关注孩子的发育状况，并对此保持敏锐的观察。这会让你们双方避免潜在的、严重的沟通失误。我必须指出，作为一名临床医生，我最担心的是消极心理状态持续的时间更长。如果它们干扰了日常生活，可能你需要求助于专业人员。

脱离父母，告别昨天

首先，你需要知道，从发育的角度来说，青春期的孩子天生就是高度以自我为中心的。是的，他们做的一切都是为了他们自己！他们还不擅长站在别人的角度考虑问题，这里的"别人"包括你。他们想挣脱父母的管教，展现自己的个性，以及在他们的人际关系中培养自我意识、学习应对压力和管理自己的情绪。正是在这个阶段，孩子学会了自我激励、自我启发、自我控制和忍受挫折。他们还将探索尝试新事物的方法，以及真正的创造性思维。他们可能会尝试不同的外貌、语言风格、音乐等。青春期的孩子可能看起来很难相处，表现出不理智的情绪化、矛盾的举止、固执己见、愤怒。如果你注意观察，就会发现他们同时也可以才华横溢、富有洞察力和同理心。

为了维持你养育孩子的有效性，避免以愤怒、失望或沮丧取代有效陪伴，请记住，孩子在做选择时（有时确实是错误的），他们的目的不是试探、折磨、恐吓或迷惑你,尽管表面上看是如此。这根本不是他们的目的。相反,他们的目的是为自己建立一个独特的身份,并找到自己努力要成为的那种人。在这个阶段,孩子会深深地沉浸在自己的故事中。我发现,青少年往往很难去考虑自己的行为对父母的影响。我并不是说他们没有能力这样做,因为这对他们来说并不总是天性使然。

从某种程度上讲,青少年的大脑会主动反对换位思考。在青春期之前,他们一直在按照父母的视角、价值观和时间表生活。到了青少年时期,他们开始形成自己的价值观、兴趣、风格和视角。为了做到这一点,他们经常尝试不同的生存方式,你可能在孩子身上看到过这种情况。孩子培养心智的步骤是"分阶段"进行的。是怎样进行的并不重要,重要的是孩子需要经历这些,这样他们才能找到自我,听到自己的声音。所以,如果你觉得孩子向你抗议只是因为你惹恼了他们,那么你要认识到,在绝大多数情况下这是正常的,也是他们发育过程中非常重要的一部分。如果你希望他们尽可能自由、安全地成长,那么在这个时候,你就要谨慎地选择是否"开战"。

鉴于所有的情感变量都在起作用,许多父母自然会对孩子不可预测和不断变化的情绪感到沮丧。你可能会觉得,无论对他们说什么,都是错的。许多父母最常问我的一个问题是:"我该如何处理我家那个青春期孩子的情绪？"

答案很复杂，因为我们真正的目的是教会孩子理解和管理自己的情绪。作为父母，我们可以扮演一个角色，在启动这一进程中发挥作用，并通过没有偏见的方式提出开放式问题：

是什么让你如此悲伤？
你觉得自己为什么这么生气？
你什么时候最快乐？
对你来说最艰难的是什么时候？

根据我的经验，在提出类似上述这些基本问题时，我们应该要求青少年客观地审视自己，提问时间最好是在彼此平静的时候，而不是在危机时刻。请记住，许多青少年根本不会参与这种类型的问答，特别是当你第一次向他们提这些问题时，他们可能根本不会理你。有些事情太容易激发情绪了，不适合拿来讨论，许多青少年不太善于识别自己的情绪。我建议，如果孩子真的想谈论自己的情绪，你只要做到随叫随到就可以。不管他们是否接受你的提议，他们都会由于知道你一直在他们身边而感到安慰。他们可能只是忘记告诉你这一点了。

你也可以充当一个榜样和向导，谈论自己内心的感受和体验。

所以，请抓住这个机会和孩子谈一谈：你年少时的生活是什么样的？是什么让你感到焦虑？你是如何应对逆境的？你和父母的关系怎么样？你通过分享自己的一些故事，打开了一条交流的通道，孩子可能在某个时候主动联系你，或者选择与你分享他们自己的故事。我鼓励你不要认为谈论感情是简单的煽情和多余的闲扯。你要努力读懂自己和他人的情感，这是高情商的关键表现，而情商高是人生成功的重要前提。这是亲子关系的重要组成部分，也是有效陪伴的重要组成部分。

青春期叛逆的本质

"我妈前几天问我,为什么我的生活乱成一锅粥。我跟她说实话了。我也没有头绪呀。"

——迈克尔(15 岁)

家长们经常问我关于青少年叛逆的问题:为什么会发生?会持续多久?我告诉杰姬——一个 17 岁女孩的妈妈——这些向我咨询的家长的担忧。我强调了这些家长的恐惧:他们的孩子会在整个青春期仇视他们,孩子的叛逆本性会一直持续下去。关于叛逆,杰姬带着浓重的纽约口音,在嚼口香糖的间隙,给出了以下智慧的忠告:

"告诉他们不要太担心。这些孩子在成长,你懂的,他们会改变的。青春期并不是一成不变的,对吧?以我女儿为例,她有一段时间很叛逆,先是针对我,然后是针对她的爸爸。但这只是一个阶段而已,现在好多了。问我的建议吗?别太担心。不要往心里去,也不要觉得自己受到了伤害!哦,你就省点儿心吧。只需尽情地发短信——结束。"

说些甜蜜、深刻、鼓舞人心的话?嗯!事实上,我也说不出比这更好的话了,所以我引用一下。她说得对。青春期瞬息万变,叛逆往往不会永远持续下去,如今的青少年会疯狂地互发短信。不要自欺欺人地认为孩子会有所不同。

有效陪伴包含的意思是:不要往心里去,也不要觉得自己受到了伤害!

青少年想挣脱父母的管教,展现自己的个性,这通常会产生不稳定的后果。孩子脱离父母的局面,很可能会助长你家小小少年的某种叛逆行为,他的外表会发生变化,他会对你的权威和家庭规则产生新的质疑,等等。对大多数青少年的父母来说,日常管理这种叛逆是面临的主要挑战之一。

我应该在这里指出,我发现自己更关心那些不叛逆和不反抗的青少年,以及那些过度顺从或依赖父母的青少年。我发现这些孩子在培养独特身份的过程中经历了非常大的困难。他们经常焦虑,且缺乏安全感,这在很大程度上是因为他们跳过了青少年"想挣脱父母管教,展现自己个性"的阶段。我发现,父母们为了驯服孩子而阻止孩子成长，从来不会让他们感觉自己聪明能干且健康快乐。所以，你可以推断，如果你有一个难搞的、惹你发火的、经常与你争论的孩子，总体来说是一件好事。也许这对你的短期幸福来说是一件很糟糕的事情，但有助于孩子的长期发展和成功。感觉好些了吗？我知道这很难，我懂。

与孩子谈谈性

为了创作这本书，我仔细阅读了许多关于养育青春期孩子的图书。大多数图书中关于性的讨论都非常简短，作者似乎感觉到了读者的不适，于是温和地安慰读者："开诚布公地谈论性，分享你的价值观，但可能不是你的体验（哈！），然后转向一些更良性的话题，比如，做家务或收拾床铺。"我得承认，我也有同样的倾向。我告诉自己，我只能说性就像毒品。爱读书的人通常很聪明，他们会明白这一点。在我们的文化中，我们似乎对性念念不忘，不是吗？

我们成年人可能有自己的烦恼，但现在的青少年实际上（当被问及关于性的问题时）开放得令人惊讶。我认为他们可能对禁忌有一定的免疫力，因为他们在这么小的年纪就接触了很多性方面的信息。我们应该面对一个现实：许多孩子在 14 岁时对性的了解比我们这一代人成年后对性的了解还要多。我知道，这种开放最初看起来可能令人不安，但它也提供了大量讨论的机会。我们大多数人现在都知道，在与孩子谈论性的时候，最难的部分是我们自己应该如何克服焦虑，而不是担心孩子会有顾虑。与孩子谈论关于性的问题，感觉很奇怪，我承认这一点。好像就在昨天，他们还喜欢韦金斯毛绒玩具、口袋妖怪，以及关在笼子里的小毛绒猴子。也许他们现在依然喜欢这些东西，但怎么突然间就喜欢性爱了呢？！很令人困惑，是吧？但不得不说，我们必须消除这种顾虑。现在的孩子比以往任何时期的孩子都更了解性并参与性行为。青少年有性行为已经是事实，他们需要我们的倾听和指导。

作为父母，如果我们忽视这一点，那就太愚蠢了。

在美国，现实情况是这样的：大多数孩子在20岁之前发生过性行为，超过四分之一的孩子在16岁之前发生过性行为。我没有发现任何证据表明，有过性行为的青少年停止性行为是因为他们的父母希望他们停止。此外，对于这一代青少年来说，关于性的语言也令人困惑。例如，"勾搭"可以指从亲热到性交的任何事情，这取决于你和谁说话，有时也取决于你和谁说话时谁在你的身边。在一些青少年圈子里，社会地位来自跟多个性伴侣发生性关系，尤其是男孩。在另一些青少年圈子里，则瞧不起那些有性行为的人。请你保持好奇心，问问你的孩子，性对他和他的朋友意味着什么、有什么压力，以及他打算如何应对。这是开启谈话的巧妙方式之一。

此外，更令人困惑的事情是，一项研究明确地表明，青少年谈到他们的性史时会疯狂地撒谎。在自我陈述时，男孩倾向于夸大性交活动的次数，这可能是为了让自己看起来很酷。女孩就没那么好捉摸了，为了耍酷或者装纯洁，她们可能会根据受众的不同，过多或过少提及自己的性活动。现在来看一项统计：一些数据表明，父母与孩子谈论性，可能会将孩子的初夜推迟大约两年时间。好吧，这或许能给你一些动力。开始和孩子谈论性吧！

那么，你要说什么，怎样说呢？我建议进行一系列谈话，而不仅仅是像美剧《老爸最知道》（Father Knows Best）风靡时期"鸟和蜜蜂繁殖活动"影射的性启蒙教育。我不知道我的爸爸是怎么做到的，他甚至不找个借口跟我谈谈性，哪怕是"鸟和蜜蜂的繁殖活动"这个不太科学的例子。关于性，我从来没有听我父母说过一句话，我的正式性教育实际上就是：在我们郊区教区学校的贞洁氛围中，一个焦虑的修女正在为五年级的男生播放幻灯片。我记得卵巢图和"阴道"这个词，还有《国家地理》杂志上动物的交配镜头。我的经验可以证明，看到袋鼠厚着脸皮竖起阴茎的场面，我感觉自己莫名其妙遭受了创伤，这种经历从未促进我与异性交往，一次也没有。无论如何，我们现在面对的是不同的现实，这需要父母更积极主动地做出反应。

我建议你尽早开始和孩子谈论性。父母应该在孩子进入青春期之前就和他们谈论性。如果有可能，你要抢在他们的哥哥或早熟的同学之前讲述关于性的故事。我清楚地记得，迈克·科斯特洛在上五年级时面带笑容提着一本字典来到学校，鼓励我们对着各种器官和性行为的临床定义开怀大笑，我们所有人都拼命地表现出对这些东西很了解的样子。如今，一次偶然的网络搜索，就能让一个十几岁孩子陷入未经剪辑的性知识泥潭，包括图片和其他一切。是的，我认为你最好尽早与孩子谈论性。

我个人倾向于你将和孩子的第一次谈话，与学校入门级的性教育相匹配。当然，你可能不想和正在上五六年级的孩子讨论这些生动的细节，他们很可能会感到恶心和尴尬。但你一定要公开讨论性，谈论孩子在电视上看到的性爱，问问他们学校开展了哪些性教育课程。开始和孩子谈论性，并继续说下去。请你和孩子一起消除这类谈话的禁忌，他们会更愿意和你说话，并在最重要的时候听你说话。

媒体只是为这些谈话提供了素材，因为在我们观看的每一部情景喜剧、真人秀和电视剧中，关于性的画面每隔几分钟就会出现一次。甚至你可以在交谈的过程中消除一些恐惧或困惑。最近，我治疗过一位爸爸和他12岁的儿子，性是他们之间经常谈论的话题，貌似是父子二人交谈的议题之一。这个男孩和他的爸爸谈论性时非常自在，甚至还开玩笑。我非常清楚，这位爸爸开放而称职，会给这个小小少年提供很好的帮助。

顺便说一句，这未必是非常严重的问题。你可以在谈话中加入一些轻松的元素。当我第一次和儿子谈论性的时候，我们笑着说我们谈论性是多么奇怪。说实话，这让我感觉很好。无论如何，如果你还没有开始和孩子谈论性，那就从现在开始吧。

我再一次引用杰姬的话。对于如何处理青少年的性问题，她有一些强烈的意见。这位贤明而称职的妈妈，同意我们有必要和我们的青少年谈谈这些不舒服的事情。我们的讨论是这样的：

"她最近和她男朋友做爱。我们聊了聊，她就告诉我了。我总是确保我们之间的亲子关系如此贴心。"

"但你不能为此感到高兴。"

"当然，我很不高兴。我也跟她说了，但不会因此就把她拒之门外。无论如何我都是爱她的。我想她很感激我愿意和她谈论这件事。我想这是因为我们之前谈过，她才懂得要求男朋友尊重并采取安全措施。"

"你不觉得不舒服吗？你宁愿不知道，难道不是吗？"

"确实不舒服。就好像……但我们无事可做，你知道吗？这总比不交谈好。否则我每晚都会疑惑，还担心她。我会起疑心，翻她的东西，问她问题。哦，这还会让我丈夫很痛苦！相信我，我知道那种妈妈，我不想成为那样的妈妈！"

她说得太对了。我们别再逃避现实了，要和孩子谈论我们最害怕跟他们谈论的事情，包括性。

我提醒你们，作为父母，不要根据孩子是否经历过性生活来判断他们的好与坏。不是"坏孩子"才会发生性行为。这种类型的判断是有效陪伴的大忌，可能会把我们的青少年引向错误的方向。

作为父母，我们大多数人当然不会容忍青少年之间有性行为。如果我们的孩子正在发生性行为，我们没有义务宽恕这种行为。恰恰相反，我们要让孩子知道我们对性的感受和价值观，这一点很重要。然而，如果他们已经发生了性行为，就会一发不可收拾。所以，我们需要和他们谈论我们的价值观，话题涉及爱的关系、尊重、疾病和安全措施。此时，我们做的最不可取的事情就是不接受孩子正在做的事情。如果孩子性活跃，他们就会有性生活。你可能会认为孩子这样做很愚蠢，会误入歧途，但我不赞成你把否定孩子作为你和孩子关系的全部。这是一种中断交流和伤害孩子感情的做法。说到性，我们必须认识到青少年也是人，他们也有缺陷，但他们一直在学习。如果你有时间，可以成为孩子的老师和向导。你可以影响他们的行为，因为他们在做决定时会考虑你的价值观。如果你采取的是无效管教，他们就会把你当作敌人对待。归根到底，哪个父母想要这样的结果呢？

亲密：不仅仅是勾搭

作为父母，我们有时会陷入对青少年性行为的恐惧，从而忘记了潜在的亲密关系。我们想要确保孩子在"性爱"可能发生之前可以及时回家；我们要确保他们的着装不会太过撩人；我们要确保他们在地下室独处的时间不会超过几分钟："别管我，我只是在换衣服。"是啊，我们很擅长这么做。

记住，通常情况下，孩子正在谈的恋爱，对他来说很重要。许多青少年告诉我，他们的男女朋友关系是他们生活中力量、快乐甚至动力的源泉。这真是意外的收获！不管我们怎么想，最近的研究清楚地表明，青少年对待亲密关系和性关系非常认真，男孩和女孩都是如此，这是对传统观念的又一次严重打击。此外，青少年之间的亲密关系也不是单一的好或坏、黑或白。青少年会在很多方面利用这些关系稳定自己。通常，这些关系有助于培养他们在许多领域的适应力。

现在，如果我们允许孩子恋爱的话，我们需要更加密切地关注孩子与异性朋友的关系。我们和孩子需要公开谈论的不仅仅有性，还有亲密关系、尊重和边界感。根据我的经验，年轻的孩子往往会严重地"堕落"，导致他们会很快过度依赖这段亲密关系。当这种情况发生时，我们需要及时认识到，进而鼓励他们与其社交圈中的其他人保持联系。有效陪伴有助于我们和孩子充分而公开地交流，将冲突最小化。

不要像我看到的许多父母那样，简单地认为孩子谈恋爱"令人不安"或者"会分散他们的注意力"。我鼓励你和孩子谈谈他们的恋情，以及这对他们意味着什么。我们知道，他们的恋情大概率终有一天会结束。如果我们在他们的恋情持续期间一直陪伴着他们，那么，当这段恋情结束的时候，我们可以成为他们的资源，也许是可以依靠的肩膀，这是实现有效陪伴的另一个好机会。

身体形象：更衣室霸凌

"嗯，让我想一想。我讨厌自己。我又胖又丑。我很反感男生。除此之外，我一切皆优。"

——科琳（17岁）

我们都知道，青春期的到来会带给孩子身体、情绪和激素的重大变化。大多数女孩在13岁前就度过了青春期的最初阶段，男孩则要晚两三岁。我们也知道，有许多孩子的青春期发育遥遥领先于平均水平，也有许多孩子的成熟或成长期要晚得多。禁忌和担忧盘踞在孩子青春期成长图钟形曲线的两端。我最近参观了一所中学，课间时被学生们围在走廊里。我瞧了瞧，仅仅身高这一项，学生之间的差异就很明显，甚至显得有些滑稽，但我很清楚，孩子身体上的一些差异会对他们的情感产生影响。

说实话，不同发育水平、不同体形、不同身材的青少年都承认,更衣室(尤其是浴室)是他们特别害怕去的地方。事实上,我接触过的许多青少年都表示拒绝在学校洗澡。还有很多青少年特别关注身体形象,他们让我写字条,请求老师和管理人员以"情感伤害"为由让他们免上体育课。我还听过一些关于更衣室霸凌的故事。男孩们会更多地讲一些传统类型的霸凌故事,比如被打晕、半裸着被塞进储物柜。女孩们分享的往往是令人不安的言语霸凌故事,包括一些常见的语言攻击,例如对身体缺陷直接又直率的评论,乳房大小、体脂、有无阴毛。不难想象,青少年在更衣室和浴室里会受到怎样的伤害。

最近,我与一位漂亮、娇小的高三学生交谈,她详细描述了自己每天夜里都会计划如何在第二天"独占"更衣室,因为她不想玷污自己"迷人身段"的美誉。她确保自己可以安全进出浴室,在那些"恶霸"或其他人看到她之前穿好衣服。在匆忙穿戴的时候,她经常惊慌失措。她解释说,自己已经非常擅长用合适的衣服遮盖自己的小肚子和大屁股。由于这些计划和努力,她相信大多数同龄人都会觉得她很有魅力。想象一下其他的青少年会遭受怎样的痛苦!至关重要的是,青少年的父母要意识到孩子在面对身体变化和挑战时的情绪状态。

如何对待同性恋问题

多年来，由于父母担心自己的孩子可能是同性恋，因此许多孩子来向我求助。在众多此类案例中，父母们希望我能让他们的孩子公开自己的性取向。然而，父母们下一步的行动却很不明朗，有时是接受，有时是不接受，但通常是紧张而愤怒："好吧，我们必须谈谈这个问题，不是吗？"

关于这个问题，我从 15 岁的彼得那里学到了很多。他和我讨论了自己可能是同性恋的概率。他若有所思地对我说："我不知道。也许吧。你怎么看？"他看起来既不确定又好奇，但并不害怕。他的父母似乎很害怕。当我问他们时，他们诚实地承认很担心彼得的状况："如果他是同性恋，他的生活不会更艰难吧？他在学校不会被嘲笑和欺负吧？他会去参加学校舞会吗？会结婚吗？"

最终，无论情况如何，这对父母显然都会理解并爱护儿子。大约一年后，彼得才对自己的性取向有了明确的认识，他的父母也愿意敞开心扉谈论这个问题。

性取向和性认同是重要的、动态的问题。我有一个朋友,他8岁时就毫无疑问地知道自己是同性恋。他的妈妈立即接受了这个事实,接受他的性取向是他的一部分。当然,父母的感受并不总是那么清晰,也不一定会明显表达出支持他。据我所知,这位朋友的爸爸30多年来一直否认儿子是同性恋。

多年前,我结识了伊丽莎白,她的妈妈指责她是同性恋,因为她穿得太"男性化",而且从不约会。现在,伊丽莎白知道自己不是同性恋,但她公开质疑:什么样的妈妈会不知道自己女儿的性取向,而且不去询问?她觉得,就自己的性取向而言,她显然不能原谅妈妈的做法。

所以,不管你对同性恋有什么看法,我强烈地感觉到,如果这是你孩子的问题,作为父母,有效陪伴至关重要。我经常从同性恋青少年那里听到,他们的父母没有兴趣聆听他们的感受,更不用说帮助他们理清情绪了。我很震惊地听到一些孩子说,他们的父母辱骂他们,这让他们对自己的性取向感到羞愧。这种行为就是在父母和孩子之间筑起了一道不可逾越的障碍。

现在,考虑另一种选择:有效陪伴。你愿意和孩子谈论他们的性取向,以及他们可能与同龄人的任何不同感觉。你要记住,他们不会因为是同性恋而变成另一个人。他们刚刚明白了自己的性取向。坦白地说，我无法想象有什么情况比这更有可能加深你与孩子之间的感情，他们可能与你一样有同样的感受：恐惧、困惑，也许还有失落感。孩子需要你敞开心扉、解锁心灵，还需要你采取有效陪伴方式。

第二部分

/

细数无效管教的损招

"我尊敬我的爸爸。我爱他,不想伤害他。但我知道他不相信我!"

——保罗(15岁)

无效管教1：说教

"别教训我。总是说这样的笑话！他们说教的时候，我从来不听。我看着他们不代表我在听从他们。"

——克莱尔（16岁）

一位妈妈向我请求，由于形势非常紧迫，她想要进行一次"家庭心理急诊"。当时是中午，她带着17岁的儿子迅速赶到我这里，两个人明显都受到了惊吓。几分钟后爸爸到了，火车晚点让他很恼火。他西装革履，全副武装，准备"干仗"。

原来，他的儿子肖恩在学校撬朋友的储物柜时被当场抓了个现行。处罚结果是：停学三天。今天是第一天。

爸爸没有大张旗鼓，只是开始了说教："孩子，对我来说这是性格问题。这就是最让我感到困扰的地方。你缺乏个性，也不为自己的行为负责。我想知道作为一个成年人，这种鲁莽行为意味着什么。我是说,你的大脑在正常运转吗?你能做到吗?还是说这些性格缺陷会一直困扰你?我不知道。但我知道我们不能再这样下去了。你妈妈和我已经走投无路了。"

"哦,爸爸,我……"

"不要打断我!我在说话呢,孩子。这也是个问题。你一点儿都不尊重我,完全不尊重。天哪,你不能这样对待别人。"

爸爸是一位杰出的律师,他诸如此类的长篇大论持续了近一个小时。肖恩偶尔会试着插话,表达一些悔恨,或者解释一下。但他的爸爸超常发挥,吸引了一群全神贯注的听众,也许这是一段时间以来的第一次,而且他没有把话语权交给任何人。老实说,我不怪他。这是一个能把事情做好的人,他很会说话,但他很绝望。这一次,肖恩只能听他把话说完。

唉,一个小时过去了,他还在絮叨,我只好毫不客气地赶走了这家人,真是无药可救。

一个星期后,肖恩来了,我让他反思了一下"家庭心理急诊"。他学到什么了吗?他惊慌了吗?他是否担心自己失去了父母中一方或双方的好感?

"天啊,我都不记得了。我爸爸一直对我说话,对我大喊大叫,对吧?"

"嗯,是的。你不记得了?"

"不。我每天都是这样,你知道吗?我不听了。他每隔一段时间就得找我麻烦。而且他从来都没问过我身上发生了什么事,只是大喊大叫。"

这就是说教!当我们的孩子偏离轨道时,我们都喜欢去说教。在这个过程中,大多数父母已经越来越擅长这样做。当我们因为孩子而愤怒和害怕时,我们可能会非常轻易地表达出自己的愤怒。当然,我们也可能给人以沉闷、脱节和冗余的印象。

记住,你并不是刚刚开始养育这个小家伙,你的教育和引导贯穿他的整个生活。他已经学会了你的做派,他了解你。用弗洛伊德的话说,你是他内化的超我,也就是说,他的良心源于他脑子里环绕的你对他的暗示。所以,孩子清楚你的说教手段。我有时会让十几岁的孩子在我的办公室里模仿他们父母的说教场面,他们往往能出色地抓住说教的精髓,通常还能展现出令人赞赏的戏剧天赋。你的观点已经很明确了,不管孩子说什么,他都知道你在乎他。我曾处理过一些特别有争议的家庭关系,但我还没有遇到过一个不知道父母爱自己和关心自己的青少年。当然,这并不总是意味着双方能够和平共处,但你可以相信爱的基础就在那里,并且孩子懂你的爱。

由于每条规则都有例外,我觉得有必要给"说教"加上一条特别注释。我知道,对于一些家里有焦虑型青少年的父母来说,上面的建议似乎并不适用。你们可能会觉得,这件事完全被我搞砸了。

当你教训孩子时，他们可能非常听话，也可能会很好地接受你的指示，而且几乎可以按你的吩咐去做。当下的问题是，他们的顺从行为反映了你的能力，而他们的能力却尚未得到证实和考验。

他们接收到的信息是，他们需要依赖你去教导他们，让你为他们做决定。因此，你得相信，在某种程度上，他们无法独自做决定。

说教通常不起作用，因为它是一种封闭的交流形式。这是没有双向交流的单向训话。相反，我建议家长和孩子开诚布公地讨论，避开那些戏剧性的事件和对危机的高度焦虑："我真的很担心，最近我注意到你的成绩在下滑，发生什么事了？我能帮上什么忙？"

这无疑是一个比任何说教都更有效的开场白。我建议多提问题，因为根据我的经验，做父母的通常都不知道孩子到底发生了什么事情。例如，导致青少年成绩开始下滑的原因可能有很多。我们必须问，才能弄明白。

鲍勃的故事

我和我的朋友鲍勃聊天，他给我讲了一个很好的故事，说明了不用说教就能做到有效陪伴。鲍勃向我讲述了他十几岁时和妈妈在一起生活的短暂时光。鲍勃的妈妈当时腿脚不便需要坐轮椅,当她准备睡觉或者晚上回家时,鲍勃负责亲自把她抬上楼。当我们几个朋友在外逗留超过宵禁时间时,我们中的一些人不得不猜测父母是否会熬夜等着我们,我们是否会为此付出代价。而鲍勃知道,没有他,妈妈没办法上床睡觉。一天晚上,鲍勃和朋友们出去玩,用他自己的话说,"喝了几杯"。像往常一样,当鲍勃到家时,妈妈正等着他把她抱到床上。鲍勃抱起了妈妈,当他走近时,她觉察到了他身子在摇晃,眼神呆滞,还有含酒精味的口臭。

她看着他,平静地说:"你这个样子,不能带我去任何地方。"

就是这样。没有责骂,没有让鲍勃背负愧疚感,没有惩罚,没有咆哮,没有关于青少年酗酒本质的长篇大论。她知道鲍勃从这几个字里得到了他需要的一切,他确实也做到了。只要鲍勃还与妈妈住在同一个屋檐下,类似的事就再也没有发生过。他听从了她的话,妈妈对自己的教育方式很自信,她知道他明白这一点。鲍勃告诉我,那天晚上他感到很内疚,他必须找到一种方法来处理这种内疚。我相信,如果鲍勃觉得自己需要更多地谈论这件事,他本可以和妈妈谈谈心。但他从不觉得有这个必要。总的来说,他们的关系很好,甚至在鲍勃十几岁的时候,他也很享受妈妈的陪伴。

现在想一下，如果鲍勃的妈妈选择了"说教"这样的无效管教，这个晚上会有什么不同。对于孩子成长的每一段时期，父母都有一个选择，而有效陪伴也不失为一种选择。我们只需放平心态，远离愤怒和恐惧，允许倾听自己的直觉，就像鲍勃的妈妈一样。

我没有告诉你们的是，这件事发生在近30年前。而鲍勃清晰地讲述了这个故事，好像它是昨天发生的一样。我的预感是，这些年来，妈妈的有效陪伴一直影响着鲍勃与自己孩子的亲子关系。我注意到，有效陪伴总是这样持久流行，而且代代相传。

最后，请注意，鲍勃讲述的不是残疾妈妈的故事。恰恰相反，妈妈是身残心不残的典型榜样。

无效管教 2："替孩子过日子"

有些父母会间接地"替孩子过日子"，这是我实践过程中经常遇到的情况。我接触过这样的爸爸，他渴望为儿子在母校的兄弟会中争取一个"接班人名额"，旨在重拾昔日的荣耀。我结识过这样的妈妈，她想努力让女儿当选"完美的选美皇后"，希望抚平自己未实现梦想的创伤。我开导这样的父母，但他们似乎完全没有意识到，为了让孩子成功而制订的计划已然消耗了自己太多的精力，并且成了自己生活的焦点。诚然，"替孩子过日子"并不总是以如此清晰和明显的方式发挥作用。无论如何，这是父母需要关注的问题。

父母经常使用的一种损招就是偷偷安排大量时间去替孩子做选择。很多父母在孩子还小的时候就开始这样做了，那时候，孩子的一星期通常被足球训练、棒球比赛、游泳比赛、学术活动以及铃木小提琴课和钢琴课塞满。随着孩子年龄的增长，活动的数量可能会减少一些，但主题是相同的。这些活动通常不是孩子的兴趣，而是父母的选择，是父母年幼时未尽的激情。

结果可能相当糟糕。我的一个心疗对象是个高中生，也是学校的田径明星。她的父母一直督促她在田径运动上多努力，而她也确实在这项运动中表现出色，获得了一所杰出大学的全额奖学金。然而，在她上大学后不久，她突然意识到跑步从来不是自己的兴趣，支撑她走到这一步的能量几乎完全来自父母。一旦她远离了父母，她就能听到来自自己内心的声音——她想离开田径跑道，尝试做其他事情。如今，她怨恨父母强迫她参加这项运动，却从来没有想过这是不是她想要的。而她的父母也很生气，因为他们花了大量的时间、精力和金钱来实现这个梦想。想象一下，如果早一点儿与我进行哪怕仅仅几分钟的沟通，也许就能在几年前终止这种伤害。

再举一个例子：前段时间，我接触了一个几乎超负荷工作的家庭。我的心疗对象是一个13岁的女孩，她参加的活动多得惊人，包括学习不少于三种乐器，并全面参与游泳队和足球队的训练和比赛。她还是一名歌手、舞蹈家和演员，有时会被学校拉去参加试镜。除此之外，她周末还参加了宗教知识专题讲座和语言技能业余培训课。她每天很早起床，完成作业和练习乐器，并且由于练习和排练而熬夜。父母对她的期望已经远远超出了任何孩子的承受能力。不出所料，他们的女儿因此而变得非常焦虑。

通过上文的陈述，我们很容易得出这样的结论：这对父母在间接地

"替女儿过日子"。他们经常向我吹嘘女儿的成就,并为她感到骄傲。他们带女儿去接受心理治疗,抱怨她不够努力。我记得,当时我努力抑制自己的反应,但在早期的一次治疗中,我无法控制自己,质问他们:

"天哪,伙计们!一个孩子能承受多大的负担?你们的女儿为了取悦你们,差点儿拼了小命。你们已经让她夜以继日了。你们是不是还想让她不睡觉呢?"

"对不起?事实上,我们认为她可以做得更好!"

"你们真的应该考虑一下你们来这里的目的。那些活动实现了谁的梦想呢?"

"当然是她的梦想!这都是为了她!达菲医生。我以为你会帮我们激发她的动力。但你似乎不是为我们服务的治疗师。"

也许不是。但他们还是坚持了一段时间。直到我们把这个女孩的焦虑和她参加活动的程度联系起来后,这对"虎父虎母"才完全理解他们家庭中正在发生的破坏性动态。值得庆幸的是,他们不仅愿意为了女儿的健康而改变这种状态,还允许她选择两三个自己最感兴趣的活动。他们把自我放在一边,在女儿的生命中,这是父母第一次真正倾听。这些父母的故事证明,我们可以从由自尊心驱使、"替孩子过日子"中深度挖掘有效陪伴的方式。

无效管教3：管头管脚

你有没有遇到过总是对孩子事无巨细地管个不停的父母呢？几年前，我目睹了一位妈妈不停地对儿子发号施令的场面。几乎每过一分钟，她就会向儿子布置任务或指出他的缺点：

"迈克尔，别打你妹妹了！"
"迈克尔，你太吵了，向所有的大人道歉！"
"迈克尔，把你的衬衫掖好。衣角露出来了！"

听到她没完没了地抱怨儿子的行为，我一个外人听来都简直要发疯了。想象一下迈克尔当时是什么感觉。迈克尔年纪不大，但他的焦虑已经显而易见。他什么都做不好！他做的每件事都会引起妈妈的负面反应。他唯一的反应是偶尔说一句"对不起"，但很明显不是发自内心的。当妈妈偶尔夸他"你是个好孩子"或者说类似的话时，他的反应跟妈妈在训诫他时没有什么不同。他从来不会用语言表达，但实际上他已经明白妈妈无法信任他可以打理好自己的生活。他不仅失去了潜在的能力感，而且妈妈的管头管脚也损害了她在他心中的可信任度。即使在很小的时候，他也不知道该如何对妈妈发出的指令做出反应。此外，妈妈表现出的管头管脚行为更多地与妈妈极其自我有关，而不关乎迈克尔做了什么。我认为，大多数管头管脚的父母都是如此。当然，需要指出，炉子滚烫，安全是必须考虑的问题。然而，衬衫没掖好，并没有多大关系。

如果你是一位事无巨细的家长，我强烈建议你反省一下，看看自己的行为满足了自己哪些未满足的需求。

我们来明确一件非常重要的事情：父母希望孩子做的事情，孩子通常都会搞砸。你的孩子也不例外。孩子需要把事情搞砸才能获得学习和成长的机会。作为父母，你的责任是提供一个安全的环境，让孩子把事情搞砸，让孩子学会如何去补救。你不需要告诉孩子怎么做，也不需要展示给他们看。他们迟早需要自己搞清楚这一点。不，你只需无条件地爱他们，陪伴他们，就可以让他们充分且安全地体验青春期这段陌生、凌乱但美妙的旅程。

我们无法估量，对于一些父母来说，要让突然长大的、神奇的、聪明的、快乐的孩子离开自己是多么困难。最近我结识了一对父母，他们为"失去"孩子而哭泣，就好像他们真的失去了他一样。我们以不同的方式哀悼我们的孩子生命中的这些阶段，所有这些都应该被尊重。然而，这种悲伤往往会导致父母依然将青少年视为小孩子，为他们做每一个小决定，事无巨细地管着他们，不让他们长大，不让他们开启青春期的旅程。最近，一位女士在遭到丈夫责骂后承认，她每天晚上都要为儿子准备好第二天穿的衣服，在儿子放学回家时给他做好零食，并且经常在他说累的时候帮他处理杂活儿。她儿子17岁了！可从很多方面可以看出，他还是个小孩子。后来，这位女士意识到，为了让儿子成长，她必须放手。

与其选择去看孩子失去了什么，我更喜欢用与生命中其他阶段一样的惊讶和惊奇看待青春期的变化。孩子仍然是那个小小少年，携着积累的所有经验、爱和奋斗，成长为自己想要成为的那个了不起的年轻人。我选择敬畏地看待青春期，把它视为与不断成长的青少年建立新型关系的机会。用这样的眼光看待孩子，会让你从悲伤中解脱出来，以富有朝气的、更积极的情绪面对孩子。

你也可以放手，因为没必要事无巨细管着孩子。

内幕消息

　　我跟大家分享一个临床医生的职业技巧，我认为它能帮助你进一步减轻自己的压力。当你来到我的办公室、讲述自己的故事、描述和讨论自己的问题时，我很感兴趣，也很专注。我想尽我所能，从你的角度理解你的担忧。我可能会做很多笔记。然而，除非你的情况很危险，否则我希望你知道，我对你的疗愈过程比对结果更感兴趣。一般来说，我想看看你是如何操作和解决问题的，你是如何适应和改变的。

　　改变是一个过程，成长是一个过程，允许孩子犯错并从中学习，这也是一个过程。如果我们选择把孩子从每一个潜在的陷阱中拯救出来，就在不知不觉中打乱了孩子的成长过程，剥夺了他们面临的一些重要机会。首先，我们剥夺了他们从经验中学习的机会，也让他们失去了通过解决问题获得的满足感和自豪感。其次，我们这样做的时候，就剥夺了孩子证明自己能力的机会。无论对孩子还是作为父母的你们，这种做法都不可取。再者，我们这样做会给孩子一种错觉，即他们跌倒时，我们会一直在那里扶他们，这会让孩子产生无谓的依赖感。也许这给父母提供了一个扮演英雄角色的机会，却剥夺了孩子自我感觉像英雄的机会。

在我职业生涯的早期，我经常错误地认为心疗对象到我的办公室来，是为了让我为他们提供答案和解决方案。随着时间的推移，我了解到，我的工作更多的是提供一个环境，让他们自己去寻找答案，讨论自己的问题，并为自己解决问题。在这方面，我认为我的工作很好地反映了有效陪伴的真谛。作为父母，我们充当着帮助孩子寻找人生方向的导师。当他们为自己做决定时，他们体验到的能力感，要比为他们做决定时他们体验到的强大得多。

总而言之，没有哪个青少年愿意被约束自己一举一动的规则禁锢。管头管脚剥夺了孩子遇到小麻烦、犯小错误后挣扎着找到出路的能力。这是孩子发掘自己能力的机会，我们不想剥夺他们的能力，只要不存在巨大的安全隐患就可以。

无效管教 4：窥探

"你不需要知道我生活中发生的一切。不，事实上，我保证你不想知道我生活中发生的每件事。那不代表就是坏事，你知道吧？只是为了大家好，有些事情我们应该自己消化。"

——克里斯蒂娜（17 岁）

读完上一节，你可能会松一口气，因为你觉得自己不是那种管头管脚的人。先别那么肯定。我在工作中发现，父母不适当地收集关于孩子的数据和"情报"，其实和管头管脚很像。例如：偷窥房间、日记、Facebook 和昨晚发的短信。这些侵犯孩子隐私的行为与有效陪伴的宗旨背道而驰。

通常，治疗室也是悔过室。我经常听到羞怯的父母（大多数是妈妈）说，他们决定偷看孩子的日记或 Facebook 状态，以窥探孩子的生活。我从来没有听哪位父母说过对读到的内容感到满意。这很令人担忧。我读过很多青少年杂志（顺便说一句，我是受邀去阅读的）。我读到一篇文章，讲的是一个少女对自己的社交生活感到非常不安，以至于想轻生。我又读到一篇文章，说这个少女由于遭遇家长或老师的虐待而愤怒。我还读到一篇文章，称这个少女最近交了一个男朋友，所以心情特别好。在任何时候，我都不会贬低或忽视任何一个青少年的感受。但是，当你未经允许阅读孩子的日记时，你就会让自己陷入非常艰难的境地。

首先，你可能会发现很多自己不想或无须知道的关于孩子生活的事情。但你不知道这些事情发生的背景是怎样的，这就为误解埋下了隐患。

最近我接触了一位爸爸，他发现 15 岁的女儿过了睡觉时间还在发短信，于是就把她的手机拿走了。其实爸爸并不那么生气，他知道手机上有非常诱人和刺激的东西，让女儿无法入睡。他列举了自己的经历，说自己一直盯着 iPad 看到深夜，导致失眠，他不希望女儿也遭受这种痛苦。

然而，爸爸的好奇心占了上风，他伸手拿起床头柜上女儿的手机查看短信。

熬过十个小时的不眠之夜后，他来到我的办公室。他看起来筋疲力尽，痛不欲生。他说自己整晚都在查看女儿发出或收到的每一条短信，突然觉得自己好像根本不认识女儿了。他不敢相信女儿居然会爆粗口、打情骂俏、暗示不言而喻的低俗行为。一连串问题开始在他的脑海中浮现：她发生过性行为了吗？她喝酒了吗？她是不是吸毒了？我是不是养了个坏孩子，而她却一直在骗我？

我明白他为什么这么纠结，因为他不知道女儿"变坏"背后的原因。伤害已经造成了，他感到伤心欲绝。但是，如果他没有读到这些信息，他对可爱的女儿也不会有异样的感觉。她是个可爱的女孩子，没有发生过性行为，也没有吸毒。她就是他认为的那个小女孩。

但她还是个十几岁的孩子。

如今的窥探与上一代人的不同。我们的孩子不会传递可以撕掉的字条，也不会在大厅里窃窃私语，他们更多是在网络世界留下虚拟的足迹。想想看，其实这种窥探就像我们在十几岁时父母偷听我们说的每个字、每句话一样。而有些事情父母不想或者不需要知道或看到。出于这个原因，我强烈建议你打消窥探的冲动。

请记住，在这个充斥着手机短信、Instagram、Facebook等社交软件的"魔幻"世界里，窥探孩子的隐私和引导孩子是完全不同的做法。我们必须明确地告诉孩子，在虚拟世界里发布的任何内容都没有隐私可言，而且会留下永恒的印迹，所以要小心。孩子们总是由于发布或发送了错误的文字、照片而遇到麻烦。风险是巨大的。有些孩子只是用手机发送了几条短信，不幸被父母看到了，后者就把前者送到我这里接受心理治疗。

窥探是不友好的，爱窥探的父母也会陷入尴尬境地。父母读了自己不打算知道的内容后，如果根据自己了解的信息采取行动，就会沦为窥探者。这种窘境导致的结果往往是，如果父母什么都不做，反而会更担心。这不仅什么问题都解决不了，反而增加了更多的恐惧。此外，如果你的女儿发现你偷看了她的照片，她当然会认为这种做法严重破坏了彼此之间的信任，当然，她这样认为是对的。现在正如你猜想的那样，我相信与你家的小小少年聊天是了解她更有效的方式。这是一种正确的、真诚的、可行的做法。如果她发现你偷看了她的手机，不管你看到了什么内容，你就辜负了她的信任。

现在，Facebook 和 Instagram 等社交网站更新信息的方式有些不同，这里有一个公共领域的元素。尤其是对年幼的孩子来说，不恰当或过度露骨的信息绝对会带来安全问题。作为父母，我们必须关注这个问题，因为有些孩子不够成熟，没有自控能力，而成熟和自控是安全和负责的必备前提。针对这个问题，我鼓励父母应该保持警觉。相信你的直觉，了解孩子什么时候准备好了，密切关注孩子的 Facebook 页面。在我看来，你应该在头几年就与孩子分享其社交账号的密码，这样你就可以随时访问了。更好的方式是，试试我对我的侄女和侄子的做法：和他们成为"朋友"，这样你就可以在必要的时候成为"看门狗"，当然，这也可以是一种乐趣。

无效管教 5：小瞧了孩子

"你可以引领经验欠缺的年轻人，并对他们抱有很大的期望，他们会迎难而上的。"

——理查德·格雷弗斯，"哈利·波特"系列电影中的演员

我最近接触了一个十几岁的男孩，由于有不良行为而被父母带过来见我。他破坏了附近的一些汽车，还从当地的一家商店偷了一些衣服。以前他一直都是优等生，而在这个学年，他的成绩却持续下滑。他这样突然的变化确实令人非常不安。更令人沮丧的是，他有一个"超级明星"姐姐。姐姐是一名运动员，考上了一所名牌大学，成绩相当不错。

这个男孩在接受治疗的早期告诉我，他的爸爸曾建议说，上大学可能不适合他，也许他应该考虑做生意或上技校。男孩显然被这个建议吓了一跳。他认为自己很聪明，会像姐姐那样去上大学。他

对爸爸对他的信任如此轻易就被击溃表示震惊，他开始相信自己真的受到了限制，或者受到了伤害，他不可能在大学有任何建树。他开始担心自己的未来，担心自己如果不能成功会变成什么样子。顺便说一句，我应该指出，这个男孩的"过失行为"说到底就是打了一个与抑郁和轻生倾向有关的求助电话。通常，对于青少年来说，事情远没有最初看起来的那样清楚和明显，所以我们作为父母必须控制自己天马行空的想象，允许自己全身心地陪伴孩子，做到真正倾听孩子的心声。

现在，当我们低估孩子的潜力时，我们对孩子所抱期望的门槛就会降低。孩子也会降低对自己的期望。这在上面引用的例子中很明显可以看出来。有效陪伴并不意味着软性教育（softpedagogy）。如果没有合理的期望，我们的孩子就会缺乏衡量自己成功与否的标尺。记住，期望只有在合理的情况下才有效。但我相信，每个人都有潜力为世界做出巨大贡献。作为父母，这是我们工作的主要部分，帮助我们的孩子发现和挖掘他们的伟大之处，并期待他们的伟大。

当然，你期望和强迫孩子做你想让他们做的事情是不一样的。伟大的期望往往会促使孩子成长，而不会成为他们的负担。如果孩子有负担，就考虑一下作为父母的你是出于负责意识，还是你的心理在作祟。高而合理的期望对青少年情感的健康发展至关重要。但为了实现这种伟大，孩子必须自己去践行。

所以说，孩子不是你肚子里的蛔虫。我的一个朋友最近跟我分享了一个关于她14岁儿子的故事。她告诉我，她的丈夫很生气，因为她的儿子在最近一个星期六的早上睡懒觉，而没有起床修剪草坪。请记住，这个14岁的孩子之前从来没有分担过这项任务。最终，她的儿子在中午时睡眼惺忪地从房间里走出来。他的爸爸一整天都在嘟囔和批评他，但没有人告诉他，仅仅是因为他没有早起修剪草坪。

到了晚上，这个男孩告诉妈妈，他一整天都心烦意乱，因为爸爸看起来很生气，闷闷不乐，而他也不知道为什么会这样。父子俩因为那块草坪而心烦意乱，浪费了整整一天时间。这该死的草坪！

关键是，作为父母，我们不能指望孩子能读懂我们的心思。我们需要和他们交流我们的期望是什么。如果这些期望没有达到（14岁的儿子未能完成爸爸要求他在一定时间内修剪草坪的任务），就有理由讨论为什么没有完成工作。虽然青少年很了不起，但他们不懂读心术。所以，和孩子谈谈吧，让他们知道你的期望。我保证，这会更有效果。

永远不要小瞧孩子的潜力。他们的能力超出了我们的想象，并不仅仅局限于他们自己的思想和你对他们的信心。

小心措辞：不要嘲笑 97 磅重的体弱少年

一些父母很可能会采用一些小方法暗中破坏孩子的自我价值感。而且这样做的时候，大多数父母完全没有意识到。你要注意，你评价孩子的话语略显习钻。你要注意，善意的玩笑和破坏性信息之间的微妙界限，这将成为孩子人生剧本的一部分，在他的脑海中持续自我对话。

年轻的时候，我又高又瘦。我的昵称是"约翰·骨骼先生"。实际上，我们家有一个关于我的笑话：由于我的身体不够强壮，在我大约 15 岁的时候，有一次爸爸带我去地下室教我举重。但他仅教了这一次，后来再也没有教过。我认为这意味着自己在这方面令父母绝望，我的这个弱点已经融入家庭的日常生活。几十年来，我一直秉持着这种关于力量的信念，直到最近几年，我开始努力替换自己人生剧本中的这部分内容。问题是，这很伤人，也限制了我，尤其是在我十几岁的时候。我不相信自己，尤其是对自己的身体缺乏信心。对我来说，这个故事最令人沮丧的部分是，回想起来，我十几岁的时候非常强壮和有能力。我是一名不错的运动员，但由于对自己缺乏信心，我变得谨慎和恐惧，这是家庭影响的直接结果。由于存在这种恐惧和潜在的不自信，我被剥夺了自控的机会。现在，我认为父母从来没有想过自己那样做会让我以这样的方式感到无能。父母的这种言行对孩子的影响更加隐蔽，随着时间的推移，它潜入了一个个家庭的生活剧本。请注意你和孩子相处时的言行举止。很有可能孩子在自己能做的事情上拥有无限潜能。让孩子一直这样下去吧。

无效管教 6：视而不见

> "当我告诉你事实后，请接受。不过，事实并不总是你想听到的那样。"
>
> ——本（16 岁）

很多时候，我们总是主观地决定想从孩子那里听到什么，想相信他们什么。这是可以理解的。举个例子，当一群青少年因吸毒而被捕后，一位母亲声称"我的孩子不会这样"。这个妈妈不愿意相信儿子会卷入这种事。这是有道理的。有哪位家长愿意相信自己视线之外的事呢？当我们忽视真相时，问题就出现了，尤其是当真相显而易见时。我见过很多这样的情况：一些青少年为了让父母关注自己，不得不出现抑郁或焦虑症状，这就是典型的呼救信号。

事实上，我在实践中遇到过以下几种情况。十几岁的男孩会连续几星期或几个月感到沮丧。他不爱社交，或者跟与自己完全不同的一群人混在一起。他开始酗酒或吸毒。他的成绩直线下滑。他的父母意识到了这一变化，但将其视为孩子成长中遇到的烦恼、青春期的普遍现象，或者对新学校或年级适应不良。父母对孩子的每一个"违规行为"都小心翼翼地选择采取惩罚措施，他们让孩子知道他们很失望，希望他能做得更好。父母觉得他们正在做他们需要做的事情，以此遏止负面行为。在这个过程中，通常就会发生危机。在我的临床工作中，危机涉及轻生行为或相关想法。这时，父母终于"听到"十几岁的孩子倾诉说："呃，我出问题了。"孩子感到悲伤、害怕或绝望。随后，"心理健康大队"出面控制消极情绪，让一切都好起来。根据我的经验，这也是父母扪心自问的时候：我在哪里？为什么我没有注意到孩子身上发生的变化？为什么我没有做得更多？我在寻找答案的过程中往往会萌生罪恶感和羞愧感。

　　我先说清楚，我绝不是在谴责这些父母。按照任何标准来看，这些父母都很善良、聪明、有爱心，他们真正爱自己的孩子。我在这里是要说明，即使是专注的、有意识的父母，在涉及孩子及其生活的问题上，也会在很大程度上错过机会。现在，我承认，对于大多数人来说，要注意孩子的生活中有什么不对劲，无须见证孩子的轻生行为或想法，但要看孩子面临危机的程度，作为父母，我们有办法防止这种情况发生。最重要的两点是关注和倾听：不要再视而不见了。

美国国家药物管制政策办公室（ONDCP）最近发起了一项针对父母对青少年的幼稚看法的运动，这是禁止青少年吸毒方案的一部分。根据广泛的调查数据，ONDCP发现，约80%的父母认为自己的孩子参加的聚会上没有毒品和酒精。80%！怎么，我们不记得了吗？

好消息是，如果被问到，大多数青少年会谈论有关性、毒品之类的话题。根据我的经验，现在的青少年在被问及几乎任何问题时，都表现得很开放和诚实，比例之高令人惊讶。但很有可能你得先发问，很少有青少年会主动发起这种类型的谈话。此外，你必须做好准备，不要指望完全听到自己想听到的内容。尽管如此，我认为现在的青少年比我们这一代人更开放和诚实。这对父母来说是多么好的机会啊！

毕竟，如果你了解现实，就能引导孩子做出合理、安全的决定，这不是更好吗？当涉及孩子的生活现实时，请不要选择视而不见。为了你的知情和孩子的安全，有一些不适也算是小小的代价。此外，围绕这些棘手话题的讨论，为培养良好的亲子关系提供了肥沃的土壤。尽管感到不适，还是要开启谈话，这就是有效陪伴的精髓。

尽管如此，我还是能完全理解"我的孩子不会这样"综合征是如何感染一个家庭的。像许多青少年一样，我的开导对象安德鲁在

15岁时第一次尝试和三个最好的朋友一起喝酒。短短几个月后，安德鲁的行为就发生了巨大变化。他突然穿了一身黑衣服，并且退出了足球队。他的学习成绩也一落千丈。他还抛弃了他的朋友，投靠了跟他完全不同的一群人。

安德鲁的哥哥克里斯这段时间外出上大学了。在一次家庭心理治疗中，我了解到，在父母看来安德鲁只是有点儿渐进的变化，而对克里斯来说，安德鲁的变化非常令人震惊。克里斯说，从暑假结束到感恩节假期，安德鲁变成了一个完全不同的孩子。他说，他从还在上高中的朋友那里听到传言说，安德鲁很快就赢得了"聚会高手"的名声，几乎每晚都喝醉或嗑药。克里斯对父母不关心弟弟的改变而生气。他说，他们似乎没有注意或担心安德鲁的变化。当克里斯问妈妈时，妈妈回答说青春期让安德鲁变了个人似的。换句话说，"我的孩子不会这样"。

事实证明，安德鲁陷入了毒瘾和抑郁的恶性循环，这种状况持续了数年，不止一次威胁到他的生命。我常常在想，如果安德鲁的父母能更早认识并接受情况的严重性，而不是坚持"一切都很好"的想法（不是由于他们是坏父母或疏忽的父母，而是由于他们真的希望一切都好），事情会有什么不同。

我鼓励父母要预先看到不祥之兆，不要指望孩子来告诉你他遇到麻烦了。孩子很可能也不自知。如果你看到孩子发生了巨大的变化，就赶紧采取行动，也可以寻求帮助。如果孩子告诉你一切都好，但你的直觉告诉你不同的答案，请不要相信孩子。称职的父母通常是聪明的、开放的，而且精于世故、明察秋毫。当孩子需要帮助时，你比任何人都清楚。当你的家庭出现这种情况时，要和孩子进行艰难的谈话，提出一些尖锐的问题。你会赢得孩子的尊重，也能更好地保证孩子的安全。你要让自己成为孩子的后援团，充满爱心地承认"我的孩子也许会这样"。

何时寻求帮助

在孩子的青春期，你可能会面临一些危机，而且觉得这些危机远远超出了你作为父母的认知深度和所掌握资源的广度。你可能会发现孩子正在过度使用某种药物，或者似乎突然或明显变得更加抑郁。孩子可能会拒绝与你交流，或者会显得焦躁不安，每天都在煎熬中度过。你可能会发现孩子有其他一些精神障碍或者深度情感问题或行为，如割伤、饮食失调，或者有轻生的想法。这些问题都意味着需要把孩子送到心理健康专家那里诊疗。顺便说一句，这些都不是父母要处理的问题。恰恰相反，你可以充分利用自己掌握的一切资源确保孩子的安全，让孩子的健康得到呵护，例如在需要的时候咨询专业人士。

我进一步鼓励你在疗愈过程中随时待命。治疗室不是捷飞络汽车服务公司，不是把你家的颓丧少年送去疗伤的地方。请通过共同渡过难关来加深你们的感情。相信我，在最黑暗的日子里，也要保持阳光心态，让自己能更好地了解和理解孩子。

在你遇到困难时，别人家的父母也可以给你提供很好的帮助。为了缓解对女儿进入青春期的焦虑，我家附近的一位妈妈最近想出了一个好主意。她计划和我以及当地的其他家长开展一次问答活动。这实际上是一个支持小组，讨论即将面对的孩子青春期的问题。如果你发现自己过分担心家里那个初长成的懵懂少年，我强烈建议你以某种方式寻求其他父母的支持。我也鼓励你和自己的孩子谈谈。他们通常会跟你分享这个时期生活中的各种现实，可能会非常直率，但可以驱散你的一些恐惧。如果你特别担忧，就在你所在的地区找一所"家长进修班"。这种进修班通常会给上高中孩子的家长们提供为期一天的小型会议、讲座或研讨会。如果你有特定的担忧或挑战，很有可能其他父母也会有同感。

无效管教7：评头论足

达菲医生，如果我们的孩子和一群坏孩子混在一起，我们该怎么办呢？如果我们不喜欢她的男朋友怎么办？如果我们不赞成她最好的女闺密的穿着打扮，怎么办？我们该怎么做？嗯？嗯？嗯？好问题。很高兴你这么发问。

作为父母，我们对孩子的朋友、同龄人和潜在的男女朋友都有这些本能反应，不是吗？我接触过的父母中大多数都是脱口而出自己的厌恶感："她的父母是谁，他们知道她在公共场合穿这种衣服吗？"或者："那个男孩的态度有严重的问题。"通常情况下，如果父母对某个青少年有不好的感觉，或者听说这个孩子在某种程度上是个不良少年，他们就会禁止自己的孩子和这个孩子在一起。我正在进行一项调查，我想听听你的意见：在青少年的成长历程，包括你自己的人生历程中，这种策略是否可以让一个青少年远离另一个青少年？哪怕只奏效一次！除了愤怒、提防和零沟通，还有其他后果吗？没有。我们都知道这是怎么回事。这些青少年中有一个人（孩子）被禁，他们就是收到你的孩子发的短信的第一批人。他们安排了一次秘密会议。叛逆的他们成了最好的朋友，并团结一致，上演一出好戏。最重要的是，你作为第一监护人，正式被排除在外。从这出戏的角色安排来看，你已经成了反派。他们躲着你，欺骗你，玩弄你。

真是完美！

青春期孩子很难接受父母的评头论足。我想，对我们中的许多人来说，如果有效陪伴的概念中有一个漏洞——允许我们对别人的孩子评头论足，那就容易多了。唉，可惜没有这样的漏洞。有效陪伴是个明辨是非的差事。

我也意识到，我不能要求你们在这件事上袖手旁观。不，我认为，如果我们对孩子的朋友或潜在的男朋友（女朋友）有负面情绪，就需要让孩子知道我们的感受。我与家人相处的经验告诉我，这种方法很奏效，但前提是双方必须敞开心扉、诚意对话。让孩子坐下来，以一种没有偏见的方式询问他们新朋友的情况。让他们知道你的担忧。不要引用上面那些问句去评判他们的朋友，也不要强迫他们停止和某人约会。我们已经知道这样做无效。

也许最难的是准备好犯错误，这是大事。我刚开始真的相信这世上没有坏孩子。我曾接触过一些名声不好的青少年，但他们后来却成为很棒的人,真诚且有爱心。也许他们做了一些糟糕的决定,毫无疑问,他们真的做了一些甚至很多糟糕的决定。毕竟坏名声通常有现实依据,对吧?尽管如此,我还是鼓励你,当孩子告诉你同龄人的情况时,你要认真倾听。你在表达自己的观点时,不要仅仅给孩子口头上的支持。孩子甚至可能会意识到自己的朋友做过一些糟糕的决定,也会说出自己赞赏朋友的理由。你要听孩子说,很有可能他们说的是实话。孩子选择跟某些朋友在一起,未必需要父母的指点,作为像你我一样的人类,他们选择和某些人在一起,可能是因为他们喜欢这些人。

我进一步鼓励你跟孩子的朋友交朋友。我不知道有什么比了解一个人更能消除对孩子的恐惧。这就是第一印象往往不准确的原因。邀请孩子的朋友过来,或者和孩子朋友的家人一起出去吃饭,和他们谈谈。

你可以试着喜欢孩子的朋友,你会在后者的性格和个性中发现不可预见的积极因素。积极地去寻找吧。记住,了解孩子的朋友可能会有额外的好处。我听很多父母说,他们从孩子的朋友那里了解到青少年的生活,比从孩子那里了解到的还要多。相信我,在我的办公室里,最深刻的治愈发生在我的青少年心疗对象邀请自己的朋友加入我们时。对孩子的友谊保持开放和接纳态度,是有效陪伴的一部分。记住,把孩子遇到的所有困难都归咎于他们的朋友,很容易让你陷入"我的孩子不会这样"综合征。

现在，如果关于友谊的讨论被一种定义你们关系的有效陪伴的外衣所笼罩，那么孩子就知道你是出于爱、关心和信任才这样说话，这可能是一次最有效、最有影响力的谈话，是发展良好亲子关系的一个机会。这并不是说，孩子会听从你的建议，不再和那些令人讨厌的孩子在一起。他可能会，也可能不会。但孩子会听到你说的话，这更重要。你表达出了自己的担忧，而孩子也会理解你的担忧，还可能会对身边的这个人更加警惕，这能让孩子做出更明智的决定。你正确传达关怀的干预，以及你信任孩子能做出正确决定的事实，也将使孩子在未来决策时有能力做出正确的决定。他会学到更多关于社交和人性的知识。记住，是你把孩子养大的，他了解你的价值观。如果有机会，他和大多数人一样也有能力自己做决定。

当然，孩子也可能会把事情搞砸。有时候，他确实会搞砸，也应该搞砸。他可能会意识到自己看错了那个女孩，而你一直都是对的。他可能会发现跟自己一起玩的新伙伴太鲁莽，而且有自毁倾向，而你的儿子可能不愿意冒这个风险。跟孩子谈谈这件事，但别戳他的痛处。没必要刺激孩子。他将得到一个重要的人生教训，而你的禁止只会令他生畏。在现实世界中，没有什么能代替亲身体验，这是我们了解他人和人际关系的方式。我们就是这样成长起来的。

当然，父母的评判并不仅仅落在别人家的孩子身上，我们也会评判自己家的孩子。我们很有可能会对他们评头论足。我们评判他们不努力、他们听的音乐、他们的考试成绩、他们穿的衣服、他们乱花钱、他们做的错误选择（我们在他们这个年纪可不敢这么任性），以及他们吃什么食物、喝什么饮料、抽什么烟、看什么书，或者发什么帖子……是的，这些都会被我们拿来评判一番。我发现我最容易评判的对象就是自己的孩子。其实青少年很清楚自己会被父母评头论足。

我想弄清楚建设性批评和评头论足之间的区别。前者是在我们内心平静时做出的正确引导。当我们觉得孩子犯了错误，或者对某种行为或不作为感到后悔时，伸出手帮助他们几乎是我们的本能。

对孩子的评头论足往往是我们恐惧的衍生品。当然，我们害怕孩子会发生什么不好的事。但我们也害怕别人因此会怎么看待我们。作为父母，我们害怕失败，或者害怕被视为失败者。

评头论足既不能给孩子提供帮助，也无法促使孩子进步。更加不幸的是，评头论足还会破坏亲子关系，切断父母与孩子的交流，最终造成毁灭性结果。懂得有效陪伴的父母会指引孩子，却从不对孩子评头论足。

你的育儿剧没有观众

我经常听说，个性可以被定义为：如果没有人看到，我们会做什么。我喜欢这样。但这对作为父母的我们来说很难，因为从某种程度上讲，我们的孩子就是我们的写照。几年前，我接触了一对父母，他们发现儿子和女儿都在向学校的朋友卖大麻。接着，他们的各种负面情绪扑面而来，其中最严重或最活跃的莫过于羞愧。当然，他们很担心自己的孩子。但可以理解的是，他们也担心自己的声誉。别人会怎么评价他们？他们会被视为不称职的父母吗？

对他们而言，这很尴尬，仿佛每个人都在看着他们。

我们想为我们的孩子骄傲。我们希望以下这些目标都能够实现：我们喜欢在报纸的荣誉榜上看到孩子的名字，我们希望他们能取得胜利，我们希望他们做出正确的选择，我们希望他们能令人钦佩，我们也诚实地希望自己能因养育他们而受到赞扬。

但我想让你们考虑一下，如果没有人关注你的育儿方式，如果你不担心别人对你的教育指指点点，你的育儿方式会有什么不同。

> 你会感到更自由吗？你会用不同的方式对待孩子吗？根据我的经验，这些都是很重要的问题。我认为，当孩子内心充满恐惧时，我们会做出更好的育儿决定。
>
> 这比是否有观众看你的育儿剧重要多了。

无效管教8：抑制孩子成长

"当她不在家对我唠叨的时候，我会做更多的家务。当她在家的时候，她就像直升机一样盘旋在我的世界上空。"

——伊桑（15岁）

"盘旋父母"，通常被称为"直升机父母"，这样的父母会坚持花很多时间和十几岁的孩子在一起。当我们过度参与和投入孩子的生活时，面临的另一个风险是抑制了孩子的成长。我曾经接触过一些青少年，他们不仅在工作日的晚上跟父母一起待在家里，而且周末白天和晚上也跟父母一起待在家里。根据我的经验，这种现象总是因着父母那非常真诚和关心的心而产生。我曾听人说："一起度过一些时光，可以建立稳固的家庭关系。"父母们告诉我，他们这样安排家庭生活是为了保护孩子不受酗酒、吸毒、酒驾、霸凌及外界所有危险的威胁。

你现在肯定知道了，我赞成一家人在一起。但青少年需要空间去呼吸，需要时间跟朋友在一起，需要自己去探索世界，需要搞砸事情，需要找出问题并成长。如果你坚持让孩子把自己所有的空闲时间都花在你身上，就不是有效陪伴。结果可能比你起初想象的更麻烦。我接触过一些压抑的青少年，他们还没有准备好应对家庭避风港之外的世界。在社交方面，他们还没有为刚上大学时需要做出的无数决定做好准备，这对许多人来说是一次失败的尝试。孩子很难交到朋友，这在很大程度上是因为他们缺乏解读和理解社会习俗、暗示的经验。由于缺乏生活经验，他们的自我发展会受到严重阻碍。老实说，我最担心这些孩子，那些被困在童年的孩子，他们的生活中只有父母和兄弟姐妹。他们往往缺乏安全感，感到焦虑、恐惧，对自己完全没有信心。他们经常去接受心理治疗。如果你是一个把孩子管得太严的父母，我强烈建议你考虑一下，抑制孩子能满足你的什么需求，还要考虑你是否真的在帮助孩子满足他们的任何需求。放松对孩子的控制，很有可能会让他们找到自己的路。相信我，改变你不合适的习惯永远都不晚。

一位 15 岁男孩的妈妈最近跟我分享了以下想法：

"对我来说，最难过的事就是看着他走出门去。我不知道他能得到什么。我知道自己控制不了，但我内心深处真的很想控制。我也知道他需要走出家门，需要去做事情，需要长大成人。如果他不偶尔跌倒，他会变成什么样子？他永远也不会知道自己到底是谁。对我来说，没有什么比这更可怕了。"

她做得对，不是吗？你必须相信自己的育儿方式。此外，为了让孩子在社会上立足，你还要相信孩子的判断力。对于青少年来说，能力是不可能凭空形成的。

所以，抑制孩子成长的父母，应该鼓励孩子走出去！如果有需要，把孩子推出门。如果他们不出去，他们就无法成长。相信我，他们一切就绪，就等你的批准了。不，你的有效陪伴不应该让孩子窒息。就说这么多，不再说了。

无效管教 9：溺爱

"我都这么大了，我妈妈还给我做午餐呢。怎么啦？她是妈妈呀！"

——卢卡斯（17 岁）

溺爱孩子是最糟糕的教育方式之一。还记得一直到儿子十几岁还在为他整理床铺、挑选衣服的那个妈妈吗？我记得她曾暗示地表达，溺爱是体贴型好父母的标配。我明白她的意思。她非常诚实地说，她是在照顾儿子，这是她的责任，只要儿子生活在她的管辖范围内就好。她觉得这会让儿子很开心。我看着她的儿子坐在妈妈旁边的沙发上，他似乎很开心，像个自以为是的狐狸宝宝。

溺爱不能帮助孩子，这有一个非常重要的原因。以一些小任务为例，比如让孩子早上自己铺床，会让他们感觉自己很能干。为了自我感觉良好，我们必须去做一些事情，还要完成一些事情。自控力和自尊心不是与生俱来的,而是我们培养出来的。当我们坚持锻炼、修剪草坪、完成销售任务,以及做其他任何工作时,我们都能感受到自控和自尊。当我们的孩子在社交活动中取得成功、在考试中取得好成绩、擅长用一种乐器弹奏一首歌,或者在比赛中打破自己的纪录时,他们都会获得一种能力感。获得一项成就并不需要倾注强大的能力,即使是渐进式获得成就,也能带来积极的自我价值感。

现在,孩子可能会告诉你,他们不需要这种能力感和自信心,也不需要成功管理自己世界的能力。

不要相信他们。

不要相信孩子仅仅满足于聚会。不要相信孩子只是出去玩电子游戏或者在网上与朋友聊天就能让他们开心。我们都需要成就感和能力感,你家的小小少年也不例外。

问题是许多青少年声称不关心这些事情。"我再也不使用几何了,那我干吗还要费心学习呢?"我在办公室里听到这样的说法,真的不痛快。当然,这不是重点。我们不必因上学能提升自尊而假装喜欢上学。想想看:几乎大多数青少年都不喜欢上学,但有些孩子会认真做功课,认真做功课的孩子自尊心自然会强一些。当我们竭尽全力时,无论我们从事什么活动,都会自我感觉良好。

有效陪伴不是溺爱孩子,而是为孩子提供获得成就和自尊的机会。

无效管教 10：过度放纵

"我爸爸真是个讨厌鬼！他认为我应该像他那样开一辆普通的车。没门！我想要一辆保时捷！"

——彼得（17 岁）

父母还有一种不良行为，类似于溺爱孩子，但有一些不同，就是过度放纵孩子。几年前，我曾接触过一个家庭，他们的状态实在太混乱了。陪伴父母的是十几岁的女儿考特尼，她喜欢争论，不听话，似乎也很迷茫。尽管她很刻薄（非常刻薄），我还是很同情她。在第一次治疗中，我发现了一个家庭的特殊亲子模式。当我询问这个 16 岁女孩的宵禁情况时，她的爸爸毫不含糊地告诉我，她喜欢在外面待到多晚就待到多晚，她愿意和她喜欢的人待在一起，"因为她想这么做"。尽管家里出现了严重的经济问题，考特尼还是收到了一份生日礼物——一辆漂亮的新车，"因为她想要"。那时候，她的父母在共用一辆车况很差的老卡车。这个女孩不做家务，因为（你猜对了）"她不想做家务"。父母一遍又一遍地解释自己的理由："因为她想这么做"，"否则她会不高兴"，"因为是她让我这么做的"，"因为她是这么说的"。我从未见过一个少女在家里有如此显赫的权威。

不用说，这种情况让我很恼火。首先，我发现自己对考特尼很生气，她用这种方式占了含辛茹苦的双亲的便宜。她真可耻！然而，我很快意识到，她只是在做父母教她做的事。她的父母教会了她苛刻、任性、过分自负。她只是在模仿父母的行为，步他们的后尘。此外，父母会当着考特尼的面公开谈论考特尼，在送礼物的环节上，他们彼此竞争，并把考特尼遇到难题归咎于他们的无能。

即便不是心理医生也能看出来，这些父母的过度纵容行为是如何导致（甚至确定会导致）家庭成员间的情感和秩序出现混乱状况的。在这种特殊家庭中，父母在放纵孩子的问题上达成了共识，夫唱妇随的假象掩盖了破碎的婚姻。显然，是父母的问题造成了这些麻烦，这不赖他们的女儿。考特尼只是用来转移注意力的人，是巧妙掩盖父母矛盾关系的完美存在。如果这种情况在你的家庭中以某种方式出现，调查一下你过度放纵孩子的根源，这是帮你纠正家庭关系模式的指南针。

考特尼的父母很可能会说，他们确实可以陪伴女儿，而且不止于此。但是，他们放弃和降低期望、放弃责任，实际上是在剥夺女儿成长的权利。他们并没有剥夺女儿的新车、业余时间，或者说不限制她的空闲时间。他们剥夺了女儿培养自己能力的机会，这很重要。

"酷父母"：自由式家庭

信不信由你，孩子需要且想要自由式家庭和家规。这样的家庭可以引导孩子建立边界感。现在，大多数青少年完全没有意识到家庭和家规构成了他们必需的环境背景。我怀疑，那些意识到自己需要自由式家庭的青少年太聪明了，但他们不会当面告诉父母。现在的孩子更容易保持沉默，以得到他们想要的东西——自由，一部 iPhone，逃一天课，车钥匙。

大多数孩子永远不会告诉父母，但有些孩子会。

我最近开导了一个 17 岁的女孩丽莎，她告诉我，她在家里几乎有无限的自由。她的故事和考特尼很像。毫不夸张地说，丽莎喜欢在外面待到多晚就待到多晚，不管是工作日还是周末。她可以把男朋友带到自己的房间里，然后关上门，不许父母问她任何问题。她可以在家里喝啤酒。事实上，地下室里有满满一冰箱啤酒。丽莎和她的朋友们可以无限制地进去拿啤酒喝，家里有"不问不说"的规矩。她对自己的家庭作业不负责，并且承认自己的学习成绩只能勉强算得上及格，很多时候是C，更多时候是D。实际上，丽莎已经获得了许多青少年声称渴望获得的终极自由。她的父母是难以捉摸的"酷父母"，是青少年圈子里的传奇人物。

现在，我可以告诉你，丽莎是一个非常聪明、智慧且能言善辩的女孩。她很清楚自己可以不费吹灰之力就拿到全A的成绩。她在刚上高中时就放弃了练习体操，因为她抱怨学体操太耗体力。她的父母很乐意纵容她。现在丽莎告诉我，她希望父母能给她更多的压力，对她有更多的期望。她觉得父母根本不相信她的能力。在丽莎看来，父母已经放弃了她，所以她认为他们不妨彻底放手，让她为所欲为。

这个少女，或者说这个十几岁的女孩继续告诉我，她希望自己的生活中有一些纪律和界限。最近一个上学日的夜晚，她凌晨两点才回到家，她知道父母不会有任何反应。她甚至"醉倒了"，却没有受到任何惩罚。当一个男孩在半夜离开她的房间时，父母也没有任何反应。她笑着说："我想知道，我该怎样做才能引起他们的注意呢？我一定要放火烧房子吗？"

我敢保证，作为"酷父母"，他们睁一只眼闭一只眼，允许他们的孩子在任何时候做任何想做的事，这与"有效的父母"有巨大的区别。听听这个女孩说的话。丽莎拥有大多数青少年想要的一切自由，但她知道自己没有得到父母真心的关怀。她知道自己错过了人生中一些最关键、最重要的教训。如果孩子从来不向你表达，就听听丽莎的心声吧。

在这次交谈中，丽莎提出了另一个让我印象深刻的观点。她说，她的父母和她一些朋友的父母都对自己孩子的活动持天真的态度。"他们不知道我们在做什么。我们大多数孩子都在喝酒，我的很多朋友抽大麻，有几个女孩有过性行为。我们的父母都是白痴，他们要么不知道发生了什么，要么不想看到眼前发生的事情。"听起来像是"我的孩子不会这样"综合征，而这可能会带来非常严重的负面后果。

无效管教 11：贿赂

"现在我的父母通常会根据我的考试成绩给我钱。这让我觉得自己是个失败者。"

——简（15岁）

过度放纵也有其他表现形式。我曾处理过至少六次这样的情况：父母有效地贿赂了自己的孩子（我得补充一句，相当慷慨），以换取他们的进取心。通常情况下，这种事情会发生在成绩很差或者成绩下滑的青少年身上。"每个 A 奖励 500 美元，每个 B 奖励 250 美元"，或者"如果你的平均分数高于 2.5，就可以给你买一辆新汽车"。我向你发誓，这些都是真实的例子。根据我的经验，这种贿赂根本行不通。我必须承认，最初几次贿赂肯定会起作用。谁不愿意为一辆新汽车或一大笔现金而努力哪怕一点点呢？加油，孩子，能获得一辆崭新的汽车！

然而，当冷静的头脑占上风时，贿赂似乎就不奏效了，相对于有效陪伴，这种损招自然行不通。首先，任何行为的自然后果（例如考试不及格）都非常容易造成。此外，在我上面描述的案例中，贿赂之所以无效，是因为它并没有解决这些青少年的核心问题。事实上，我认为这种类型的贿赂是鼠目寸光的做法，反而会让孩子害怕父母对自己的信任。

事实证明，贿赂只是一种无效的权宜之计，是对孩子能够自己取得成功缺乏信心的表现。青少年明白这一点，这是他们感悟到的生活经验。所以，不可避免会发生的事情是，如果孩子在某学期蓄意让自己的学习成绩下滑，那么他不会仅仅由于你承诺给他买一辆汽车就努力取得好成绩。事情似乎并不是这样。我想，在某些情况下，这种贿赂会让孩子按照你的旨意行事，但孩子领悟到的信息是："你不相信我能做到。"

所以，即使贿赂有点儿作用，也是收效甚微。

相反，有效陪伴的父母会和孩子谈论成绩不断下滑这件事。因为有效陪伴的父母已经在"情感账户"中存储了相当多的余额，他们的孩子愿意与他们交谈。父母可以和孩子一起解决问题。当孩子表现好的时候，父母可能想带孩子出去吃饭。但请接受我的建议，不要贿赂孩子。实际上，贿赂没多大作用，因为它反映了无效管教的弊端。

要警惕自己过分放纵孩子，不要为孩子做得太多，也不要给孩子太多。一定要引以为戒！给孩子物品、材料或其他东西，往往剥夺了他们获得人生中最重要的教训以及证明自己能力的机会。一个人的人生体验和能力提升，是没有什么可以取代的。

无效管教 12：一个唱红脸，一个唱白脸

"毫无疑问，我妈妈对我比较宽容。"

——埃迪（15 岁）

简单地说，如果父母目前正在参与孩子的生活，那么彼此在重要的问题上保持意见一致就显得尤为重要。孩子的狡猾之处，父母只能想象。如果爸爸总是很温柔，而妈妈总是很严厉，我敢和你打赌，爸爸会更受欢迎。更受欢迎的一方首先会被问到一些重要的问题："我能在宵禁一小时后再回家吗？""我太累了！""你能给学校打个电话，说我现在病了吗？""我现在可以出去吗？等我回来再写作业，好吗？"如果孩子一直仅仅向父母中的一方提这些问题，不仅会挑起父母之间的争端（没有人愿意一直"唱红脸"），还会产生一个可怕的信息。首先，孩子知道自己可以操纵你，或者至少可以操纵你们中的一个。孩子也知道自己可以挑拨父母之间的关系。

这种现象也造成了一种不平衡的状态，父母中的一方接收到孩子沟通的请求，但往往是以牺牲另一方为代价的。这些都无助于家庭关系的健康发展，我强烈建议不惜一切代价避免"一个唱红脸，一个唱白脸"的闹剧。

尤其重要的是，在发生冲突时，父母要用同一个声音说话。孩子情绪紧张时，会被混杂的信息弄糊涂，可能会在那一刻选择自己最喜欢听的那一个声音。我曾亲身从一些青少年那里听到过这种焦虑。当时，孩子目睹了父母的冲突，而父母争吵的话题焦点却是孩子，于是，孩子变得焦虑了。相信我，对孩子来说，听到这样的话绝对会痛苦和沮丧。父母要私下里冷静地协商和解决彼此的分歧。当你们团结一致时，就是在有效陪伴。不团结会让有效陪伴的效果大打折扣。

基于这些原因，无论你们的关系是结婚、离婚、分居，还是在婚姻中挣扎，作为夫妻团队，你们要一起讨论如何养育孩子，这至关重要。父母引导孩子的经验来源不能仅仅局限于不同的指导书。如果你只会通过看书学习育儿技巧，就无法给孩子提供让他们做出正确决定的指引，而且你在这个过程中打了个"糟糕决策"的样儿。你们要经常谈谈自己是如何为人父母的。你们应该讨论所有的规则，包括宵禁、家务、毒品和酒精、安全、允许说的话，并私下里针对你们的育儿方法达成一致。这一点至关重要。

爸爸们面临的挑战

几个月前,我在当地一所高中的礼堂里给一群家长做了一个关于有效陪伴的讲座。观众们非常棒:专注、参与度高,且提出了很棒的问题,呈现了独特的育儿困境,并讨论了聪明的解决方案。但就在我一边说一边听的时候,我突然发现哪里不对劲,我卡住了。我突然想到了一个问题:这里没有一位爸爸。

观众中有100多位家长,但没有一位爸爸。我一下子停了下来,把这个问题指了出来,看看大家的反应。

共识很明确,而且有点让人惊讶。在场的许多妈妈表示,尽管性别角色随着时间的推移会改变,但她们觉得育儿是首要的责任,有时也是唯一的责任。一些妈妈说,当孩子行为不端或者在课堂上表现不佳时,她们实际上感觉自己被丈夫评判了。不知何故,尽管现在已经是所谓的进步时代了,但抚养孩子仍然是"女人的工作"。虽然我们说"一个唱红脸,一个唱白脸",但很多爸爸连唱都不唱。

我想起了自己之前做过的其他讲座。观众中最多也就几个爸爸。在我的实践中,大多数情况下都是妈妈陪着孩子来接受治疗。如今外出工作的妈妈比以往任何时候都多,有全职的,也有兼职的。男女之间的收入差距正在缓慢缩小。

现在是缩小父母育儿差距的时候了。

这是对爸爸们的行动呼吁。有效陪伴模式不仅仅适用于妈妈,孩子也需要爸爸。以前,爸爸们这里指导一下,那里关怀一下,就可以被称为好爸爸,可现在"甩手掌柜"已经满足不了需要。孩子需要知道,爸爸对他们也是全身心投入的。爸爸的角色至关重要,需要教导女儿不要满足于现有关系,教导儿子如何待人接物。你是一个榜样,孩子正在看着你。如果爸爸缺席了孩子的教育,孩子也会看到。加油吧,伙计。我们天生就是做父母的料。这是我们这辈子要做的最重要的事。

行动起来吧!

如果你是一位正在读本书的妈妈,看完后请一定要把它递给孩子的爸爸。

无效管教 13：等待

"我觉得自己搞砸了。恐怕现在跟她沟通已经太迟了。"

——丽贝卡（17 岁）的妈妈

我们每天忙忙碌碌，有需要优先考虑的一些事情。我可以轻易看出，你可能会把本书藏进书架，也许想回避关于有效陪伴的全部问题。你可能觉得来日方长，自己以后会明白育儿的真谛，但不是现在。但是，你很有必要现在就行动，尤其是在孩子即将进入青春期的时候。

对于那些孩子还小的父母来说，你们现在有一个独特的机会，可以开始敞开心扉进行亲子交流，并持续到孩子青春期后。

啊，中学，我记得那些日子。在上六年级、七年级，甚至八年级的时候，我们中的很多人还是小孩子，年轻、天真、幼稚，傻乎乎的。那时还不能吸烟，当然也不能喝酒或吸毒。我记得我的朋友艾尔上七年级时在楼梯间吻了一个女孩，这就是小孩子的"性行为"。

如今的中学已经大为改观。

就是现在，孩子们正处于从小学到中学的过渡时期，养育青少年过程中面临的一些挑战首先出现了。如果你的孩子是中学生，我认为你能读到这本书真是太幸运了。不要等待，现在就开启有效陪伴模式，尽早为你们的亲子关系、沟通和期望奠定基础。

其实，你不需要等到孩子十几岁或者接近十几岁，才努力做有效陪伴的父母。理想的情况是，在孩子人生的早期，就应该开启有效陪伴模式。这样，爱、信任、沟通、能力和界限的基础在13岁之前就会十分清晰。

对于孩子，你可以提前设定对学校、家庭作业、宵禁和其他自由的期望。一旦他们带着越界的习惯进入青春期，再去制定规则和界限让孩子遵守就会更加困难。

信不信由你，第一次接触毒品、酒精和香烟通常会发生在青春期到来前。由于社会、学业压力以及担忧的驱动，许多孩子的自尊开始遭遇打击。对于一些更年幼的少年来说，性行为也开始登上了他们人生舞台的中心。

记住，你是有效陪伴的父母。你们有一个坚实的基础，建立在交谈、鼓励、一起度过美好时光的前提下。你不必等到问题出现了才与孩子谈论棘手的话题。你不需要听到孩子们恋爱的谣言，也不需要听到他们年级里盛行的吸烟、喝酒的风声。你们随时都可以和他们交谈。你要让孩子知道，他们肯定会面临这些挑战。你要跟孩子谈谈到目前为止他们接触到的东西，然后认真听听他们的想法。你要让孩子知道你的期望，你们之间随时都可以谈论这些事情，包括尴尬的性问题。

你不要怕暗示的力量。也就是说，你要提出关于性、毒品或香烟等棘手的话题，你要与孩子进行有趣的讨论。这并不是说你在纵容这种行为，相反，你有足够的智慧和好奇心了解孩子面临的现实，你想确保孩子提前做好准备。你不希望孩子被同龄人带来的压力搞得措手不及。你希望孩子在做决定时冷静、清晰、有目的。你要意识到自己最好的做法是倾听和交谈，最好的态度是公开和诚实。你要保持交流的畅通，愿意倾听，也愿意诉说。

你还要注意，不要一次性谈太多问题，试图同时处理所有棘手问题，不能缓解你的焦虑。你要意识到，孩子只有那么点儿精力来进行这些对话，而且一次只能接受这么多。所以，如果你有多个话题要谈，请分场进行。

相信我，孩子对这些话题有自己的想法，他们会焦虑、担心、恐惧。他们很少一开始就陷入这些不良心态。通常情况下，孩子采取这样的行为是为了适应环境，或者更准确地说是因为他们害怕无法适应同龄人。当涉及这些问题时，小伙伴们发挥了很大的力量。

但有效陪伴的父母发挥的作用更大。尽管有时还可能出现这样的情况，但你希望自己并没有失去影响孩子做决定的能力，对吧？

父母们经常告诉我，他们注意到了中学生的情绪变化，有时是深刻的变化，比如对世界或生活的看法更加悲观，或者明显有抑郁情绪。有时变化会更加微妙。不管怎样，这些都会提示你应该去接近孩子，和他们谈谈发生了什么，他们的生活发生了什么变化。要让孩子知道你注意到他们了。问问孩子的近况如何——在学校的日子，和朋友在一起的时光。你要做好心理准备，有可能会听到孩子比你想象的更痛苦。通常情况下，解决这类问题的最好办法是做一个关心孩子、倾听孩子心声、不评头论足的父母。孩子可能不需要解决方案，而是倾听的人。这两种情况都要做好准备。很多时候，父母会惊慌失措，只好请来像我这样的心理治疗师。这些都是孩子成长过程中的重要时刻。除非真的需要治疗，否则我更希望你能和孩子在一起。

顺便说一句，我发现对于父母或治疗师来说，开始此类对话的最佳方式是简单地问："我能帮上什么忙？"我不确定究竟是什么原因让这个问题对孩子如此有效。我认为这会让孩子觉得，无论他们面临做什么决定，他们不是一个人在战斗。也许当孩子遇到挑战时，知道有人理解、关心他们并参与他们的生活，这种感觉很好。不管怎样，我发现"我能帮上什么忙"在人际关系尤其是亲子关系中是一个很管用的开场白。

最后请记住,在孩子上中学的时期,你有一个绝佳时机去奠定与孩子之间诚实、开放和关怀的基础。事实证明,这将对未来的青少年有益。现在就打开有效陪伴之门,以后会更易于保持开放的亲子互动。

对于"家有少年初长成"的父母来说,你们要做的事情确实有点难。你们有责任打开一扇可能已经部分或完全关闭的门。这并不是说,如果你家的小小少年把你拒之门外,你就完蛋了。有效陪伴永远不会太迟,但越早越好。

第三部分

/

细品有效陪伴的妙招

"我的妈妈很有趣,很酷。她觉得我很棒,我也这么认为。"

——埃伦(15 岁)

有效陪伴1：父母的自负心理战

"他们毫无头绪。他们不懂我，也不想懂我。很明显，他们从不知足常乐，只想听他们想听的话。所以我说了他们想听的。我有两个世界可分享，一个是我和朋友在一起的真实世界，另一个是我展示给他们看的虚假脸庞。也许这能让他们开心，我也毫无头绪。"

——杰克（16岁）

想想你的孩子出生的那一天，以及之后的几星期、几个月、几年里，你对他无条件的爱。你现在还有这种感觉吗？这种感觉是什么时候改变的？

你的孩子身上有一些不可磨灭的人格品质构成了他自己。他可能天赋异禀，也可能冥顽不灵。也许他善于社交，或者风趣，或者害羞。他可能桀骜不驯、任性又有实验精神。

现在，他肯定不是你第一次抱他时想象的那个人，不是你想让他成为的那个人，不是你想把他培养成的那种人。而且，如果你停下来一会儿，彻底反省一下自己的自负，好好想想，感谢造物主！毕竟孩子并不是按照我们的旨意创造出来的——这种想法只是我们自负心理的一种表现。

相反，孩子是一个实体、一种人格、一个人，最后才是他自己。我们大多数人相信我们的孩子（所有的孩子）都是按照造物主的形象塑造的，不管你想象中的造物主是谁或什么样子，就像我们每个人认为的那样。作为父母，我们是幸运的。我们可以借用孩子的一段时间，教导他们、引导他们、挑战他们、向他们学习，也许更重要的是无条件爱他们，这对于很多家长来说是最艰难的事情。听听家长们的心声：我们的孩子是完美的。就在这里，就在当下，他们就是这样的。因此，也许我们需要问问自己最重要的一个问题：我对孩子表达的爱是无条件的吗？

如果孩子感觉父母的爱是有条件的，孩子的痛苦就会显而易见。不久前的一天，我接待了两个家长，进行了两次心理治疗。在这两次治疗的早期，我很明显地发现，家长们试图通过青春期的孩子满足自己的需求。

第一次心理治疗的对象是一位妈妈。我很快就发现，这位妈妈投入了大量精力让她的孩子"生病"。在治疗的一个小时里，这位妈妈时时刻刻都在诊断可怜的女儿患有抑郁症、躁狂症、多动症，是个纯粹的"疯子"。我很快意识到，生病的孩子让这位妈妈觉得自己在这个世界上是被需要的。如果女儿没有任何问题，妈妈会扮演什么角色，谁会让妈妈照顾呢？

另一次心理治疗的对象是一位爸爸。这位爸爸说自己长期对儿子的生活状态感到心烦意乱。他的儿子为什么不参加课外活动？为什么不选择在学校更努力地学习呢？为什么整晚都在玩那些该死的电子游戏？哪个好孩子会穿成这样？当一个小时的治疗快结束时，这位爸爸大声问自己，是不是对孩子要求太多了。答案当然是肯定的。

我们教育孩子，向孩子分享我们的价值观。我们想把他们培养成优秀的人，想把他们培养成负责任的成年人。但并没有一个绝对的美德模板，也没有一个绝对的价值观模板可供我们使用。很多时候，在孩子生命的早期阶段，父母就在脑海中塑造了对孩子的理想：他们会穿什么，他们会做什么，他们会如何与其他成年人交谈，等等。当我们这样做的时候，我们没有考虑到孩子也是人，而不是木偶。

所以，尽管你可能有不同的想法，也不必命令孩子踢足球、把音乐关小、做一些烦人的家庭作业，或者打扫房间，等着他们自己长大和变好吧。孩子就是他们自己，就是他们想要成为的那个人，就是他们此时此刻需要成为的那个人。当你发现孩子连续几个小时不停地给朋友发信息，讨论一些你觉得完全无意义的小问题时，请记住，这正是他们需要的。即使洗碗池里的盘子堆积如山，也没关系。

我懂，我懂。父母们更想改变自己的孩子，不是吗？我们应该让孩子成为更好的人。不，我们要做的是随时给孩子提供帮助，引导他们，给他们建议，然后让开道路，让他们建立自己的身份，让他们做自己。

我建议你在继续阅读本书之前先深呼吸。现在，如果你能看着自己的孩子，真正看着他，不再评判，不再愤怒，也不需要孩子成为他自己以外的任何人，我想你会发现一些有趣的想法潜入了自己的脑海。你可以记住自己一直爱着孩子的真实模样。你也可能会被自己花费的所有时间和精力震惊，也许在过去的几年里，你试图把孩子推向与他的真实精神相冲突的方向。你可能会意识到自己不再真正了解这个甜蜜的、非凡的、完美的人，就在不久前，你还带着纯粹的喜悦欢迎他来到这个世界上。不管孩子穿得怎样，过了午夜还在做什么，在网上和谁聊天，是否规划未来，你都不知情，也没兴趣，这样不好吧？

我们中的许多人都想知道，为什么我们的孩子不去尝试，为什么他们不听我们的话，为什么他们没有动力，而且明显很沮丧，为什么他们无法"成功"。这些问题的答案都取决于成功的含义，以及谁有资格定义成功。你可以选择把自己的想法强加给孩子。我不能阻止你这样做。我可以告诉你,从某种程度上讲,如果你不倾听孩子的心声,他们也会选择不聆听你的指导,最终他们也不能成为你希望的样子。你需要多长时间才能停止听一个不听你话的人说话呢?

我相信,作为父母,你是孩子成功的关键。在我的工作中,我一次又一次地目睹了父母由于不同意孩子的某些选择而不搭理他们,与他们断绝关系的情景。请记住,这是你的自负在作祟,而不是孩子的自我在捣乱。一旦你评头论足,或者不搭理他们、拒绝与他们沟通,变得不可接近,你们的矛盾就会越积越多。这不仅不利于你们发展关系,也不利于孩子成功。我希望自己这样说不是在恐吓你,而是在"召唤你"。我的观点是,你总是有能力通过洞察和自我意识改变亲子关系中的这种状态。你可以在不失去作为父母权威的前提下这样做。一旦你的自负意识从育儿方式中消失,就可以开始听从自己的直觉,也相信自己对孩子的直觉。当你的自负占了上风,你内心的声音就会被自己感知到的需求蒙蔽,它对你做决定的作用就会大打折扣。

你不妨想象一下,你在孩子这个年纪时是什么样子?你如何描述自己的青少年时代?你的父母会怎样描述你?你后来怎么样了?真的吗?总的来说,还不错吧?那么,是什么让你认为孩子的青春期会让你的世界、他们的世界或者你们共同的世界走向终结呢?

别扯到你自己身上

"我爸爸让我觉得自己只是他书里的另一章。"

——梅森（16岁）

你知道，当你发现自己在说"看看她对我做了什么"时，你的做法仍然是基于自负的思维。很多青少年也向我抱怨另一种以自我为中心的育儿现象。例如，我治疗过的一个青少年约翰简单而雄辩地说："照顾好孩子，伙计。不要让孩子照顾你。"

约翰是个橄榄球运动员。他在上高中时是一名广受好评的跑卫，上高二时进入了校队。当地的报纸上说他很有希望打一级联赛，一些大学球探已经联系过他。想象一下，他最近来到我的办公室，宣布说，他可能不会在即将到来的青少年赛季继续打橄榄球时，我有多惊讶。

"好吧，约翰，你为什么不打球了呢？你是一个超级明星，而且这个队今年应该是参加州锦标赛的有力竞争者。"

"是啊，我知道。只是我从一开始就不是真的想要这样。"

"但你这么努力打球，也取得了很多成就。如果你根本就不想获得这些成就,为什么要这么努力呢?"

约翰接着解释说,他从来都不怎么喜欢打橄榄球。事实证明,从上五年级时约翰第一次戴上护具和头盔、穿上钉鞋开始,他真正追求的是爸爸的关注和认可。约翰的爸爸在他那个时代是大学里著名的橄榄球运动员。即使是现在,他的生活、饮食和呼吸都离不开这项运动。事实上,约翰的爸爸有几次加入了约翰和我的谈话,他总是穿戴着橄榄球装备:一件圣母大学的球衣,一顶密歇根大学的帽子,或者一件俄亥俄州立大学的运动衫。

约翰的爸爸观看了约翰参加的每一场比赛。爸爸在文法学校教过约翰,在刚刚过去的这个赛季,他在比赛结束后的几个小时里,一场接一场地"指导"约翰。约翰说,他的脑子里好像一直装着球赛电影。

"看,伙计,你得早点儿绕过那个拐角,才能多走几码路。"
"如果再有人这样追你,就用我教你的那种狠手腕。"

约翰最喜欢爸爸恳求他:"手,约翰!用你的双手!"就好像爸爸自己在试图传球!

尽管爸爸经常吹毛求疵,但约翰向我承认,他渴望获得爸爸的关注和认可。约翰努力听从爸爸的建议，他也认为爸爸的建议总是很好。

约翰还深情地回忆起自己小时候的一幕幕：秋天的周末，晴空万里，气候清新宜人，他坐在爸爸的腿上，和爸爸一起看橄榄球比赛。爸爸会告诉他，某种打法为什么会成功或失败，不同进攻战术的优点在哪里，当然，还有为什么不管战绩如何，芝加哥包装工队每年都打得很烂。比赛结束后，他们会一起去院子里玩橄榄球，一个是四分卫，一个是跑卫，父子俩完美地再现了当天下午电视上橄榄球赛的精彩达阵场面。约翰回忆起和爸爸在一起的快乐时光，脸上露出了笑容。

然而，约翰描述说，自己和爸爸除了橄榄球之外的生活中的联结几乎没有，唯一的瓜葛就是他俩住在同一个屋檐下。在平常的日子里，他们很少交谈，即便交谈，谈话内容也没有分量和意义。爸爸会走到约翰紧闭的卧室门口，轻轻敲门，问约翰是否完成了家庭作业、吃没吃晚饭，或者有没有把狗放出去。他会就责任问题进行短暂的说教。

约翰笑着告诉我这些，他说爸爸说话很生硬，听起来就像是在读 20 世纪 50 年代的旧育儿手册。遗憾的是，即使是这样的几次交流，约翰也感觉不到真诚。约翰会回答这些世俗的问题，然后爸爸就会消失在走廊里。

尽管如此，约翰还是觉得，如果不出意外，将永远把橄榄球作为联结自己和爸爸的一件特殊物品。从 8 月下旬的经典赛，到次年 2 月的超级碗，约翰的爸爸整个周末都在看橄榄球比赛，平时只要有线电视播放比赛，他就会观看。不幸的是，随着约翰年龄的增长，爸爸的橄榄球经历也发生了变化。约翰描述了最近爸爸观看芝加哥熊队比赛的一个例子。约翰和爸爸一起坐在沙发上，约翰希望他们能聊聊比赛，但爸爸太专注了，每次约翰说话时，爸爸都会粗鲁地让他安静下来。约翰痛苦地描述了爸爸的姿势，身体前倾，朝向电视机，专注于看比赛，好像约翰根本不在房间里。约翰说，球赛一季又一季，他就坐在房间里陪着爸爸一同观看，他希望能和爸爸说几句话，却感觉爸爸离他越来越远。约翰忧郁地开玩笑说，熊队输掉超级碗的赛季，也是他丢失爸爸的季节。

"说实话，我打球是为了与爸爸保持联系。我真的不在乎，但他在乎，所以至少我们还有点儿联系，对吧？我想我喜欢比赛结束后的谈话。这似乎是爸爸唯一知道该拿我怎么办的时候。我基本上觉得照顾爸爸、和爸爸聊天是我的工作，而不是爸爸的工作。"

最后，事实证明，爸爸的兴趣是约翰与橄榄球保持联系的唯一因素。这是他照顾爸爸的方式，也是他与爸爸保持联系的方式。想象一下，父母在无效养育，孩子却在有效关注，这是多么令人心碎的局面。

约翰每天都承受着与爸爸缺乏联系的负担，他的大部分行为都是试图培养和加深这种联系，而爸爸却以漫不经心的方式对待这种联系。约翰永远被爸爸伤害着，但他觉得自己不能这样说爸爸。毕竟爸爸是一个有男子气概的人，一个热爱橄榄球的人。约翰不知道，如果自己有一个如此温柔以至于关心父子关系的儿子，自己会作何感想。

现在，花点儿时间想想，约翰的爸爸在和约翰一起生活的过程中错过了什么。尽管爸爸表现得漠不关心，但他十几岁的儿子仍然爱他，渴望得到他的关注。他的儿子忠诚、诚实、敏感、有爱心。但爸爸每天都在选择无视儿子在他生命中的真实存在。随着时间的流逝，机会和希望也在流逝，当然，渐行渐远的还有孩子的爱。这是一个令人心碎的真实故事。想想看，只要爸爸稍微多一点有效陪伴，少一点自我、自负，就会是一个完全不同的故事。我非常喜欢约翰，希望有一天他的爸爸也能分享这种喜爱之情，趁一切还来得及，爸爸也会敞开心扉，成为有效陪伴的爸爸。

约翰给父母们提出了很好的建议：照顾好自己的孩子，承担起与孩子建立联系的责任，不要要求孩子主动联系你、照顾你。否则对一个十几岁的孩子来说很不公平，而且孩子在情感上还不具备完成这项任务的能力。

那么，要想改变现状，约翰的爸爸具体需要做些什么呢？好问题。首先，他可以通过询问而不是讲述的方式表现出对约翰的世界真正感兴趣。他可以问问约翰的兴趣。他可以问问约翰这些天对橄榄球有什么感觉。他可以问问约翰的学校里发生了什么，和朋友们发生了什么。他可以敞开心扉倾听约翰说的话，即使这些话并不完全是自己想听的内容也无妨。事实证明，约翰的爸爸是个好教练，只是不善于倾听。了解孩子最好的方式是多问多听。还有，请不要误会我对约翰爸爸的看法。我相信他是一位慈爱的爸爸，他也非常关心自己的儿子。然而，他的儿子却很少感受到这种爱。对约翰来说，爸爸的爱是有条件的：只要儿子能打橄榄球，而且打得好，爸爸就满足了。这样不行，他的爸爸可以通过一些开放的、有爱的、倾听的互动改变这种状态。

这完全是一个有效陪伴的问题。

愿望清单

关于这一点，我想让你参加一个简单又给力的练习。在家里找一个舒适、安静的地方，拿着纸和笔坐在那里，花点儿时间为孩子写一份愿望清单。写下你对孩子在社交、情感、学业、运动、音乐以及生活中其他任何相关领域的要求，包括现在和将来的。在每个类别中写下1～2个愿望。记得在写完清单后再朗读出来。不许作弊！

在育儿研讨会、执教辅导和临床工作中，我经常要求父母们编写这样的清单。在进行了多次这样的练习后，我发现一个特定的主题浮现出来。我们需要意识到，其实我们对孩子的愿望来自于我们自己的自负心理。下面的例子体现了自负型回答："我希望罗伯特能在高中拿到全A，这样他就能继续家族的传统，上哈佛大学。"接下来的例子体现了不那么自负的回答："我希望杰克取得好成绩，这样他就会觉得自己有能力，但他的选择仍然是开放的。"或者："我希望宝芬妮在与同伴的关系中体验亲密、信任和满足，为未来积极、有爱的关系奠定基础。"

我希望你诚实地审视自己的愿望清单，评估每一个愿望的性质。我发现这是一项很重要的练习，也承认采取这种方式有点鬼鬼祟祟，但它揭示了我们很多育儿行为的动力。顺便说一句，我不指望任何父母在这方面是完美的。我想，关于孩子的生活，我们都各怀愿望，或秘密或公开，然而，如果你对孩子的愿望来自于自己的自负心理，那就不太可能反映孩子的梦想和愿望，而且很可能会导致你们的关系复杂化并出现裂痕。甚至这种愿望也可能不现实。相反，如果你的愿望源自于开放和负责的态度，就可能会培养和孩子之间良性的亲子沟通和相互理解的能力。我想，我无须再问，你就会明白哪种动力更有吸引力或更有助于成功。

> 在继续阅读本书的过程中,请牢记这项练习。读完后,我建议你重复这项练习。根据我的经验,你的愿望会越来越能反映有效陪伴的真谛。

情绪管理的榜样:原谅我,爸爸

通常,照顾孩子意味着首先要照顾你自己。作为父母,你们需要很好地了解和理解自己的情绪,以便为孩子树立情绪管理的榜样。仅仅告诉孩子"学会自我控制"是不够的。你们要以身作则,管理好自己的情绪,给孩子树立榜样。

我的一个心疗对象汉克最近透露,当他和十几岁的儿子发生冲突时,他很难调节和控制自己的情绪。他讲述了最近发生的一件事:他的儿子在教堂里和他的兄弟姐妹们嬉笑打闹,写下有趣的短语并来回传递。汉克失控了,在布道时,他满脸通红地责骂儿子。他承认自己曾咬紧牙关大喊:"在教堂里不应该有这样的行为,该死!"顿时,教堂里一片寂静。汉克知道这样做不好。汉克说,当时他慢慢抬起眼皮,看到寂静中的一群人,每双眼睛都直直地盯着他,嘴巴齐刷刷地张着。讲坛上的牧师也和台下的人一样露出震惊的表情。

回想起这些场景，汉克为自己的行为感到羞愧。直到他在治疗中分析了自己的情绪后才意识到，他的愤怒涉及他和他爸爸之间的情绪控制问题，以及他作为爸爸的无能带来的恐惧感。汉克意识到自己把所有的情感压力都堆在了儿子身上，但儿子显然没有能力应付这些。幸运的是，在谈完这件事后，汉克更深刻地认识了驱动自己行为的思想和情绪。因此，他学会了尽量减少与儿子冲突，当冲突发生时，他会处理得更好，也更冷静。他现在可以成为儿子自我调节情绪的榜样，而不是教儿子在布道时如何咬牙切齿随意发泄情绪。

有时，我会遇到比汉克的情况更具破坏性的情绪失控场面。我认识一位爸爸，他十几岁的女儿非常难以捉摸他的情绪。女儿永远不知道爸爸是温柔还是狂怒，很明显，面对爸爸她不知道该怎么办。她问我："我该怎么做才能不惹他生气？"她在爸爸身边和在大多数社交场合一样，越来越不自信，她的安全感和她脆弱的自尊一样，都受到了影响。这可能是最有害的家庭冲突之一，而且经常发生。此外，我还注意到，父母中的另一方往往愿意以另一种方式维持和平。朋友们，这简直是扯淡。在这种冲突的作用下，和平永远不会被保护。不安的情绪会一直萦绕于孩子的心间，这是绝对不能接受的窘态。父母缺乏情绪调节能力是有效陪伴的对立面。所以，如果这种情况发生在你的家庭中，必须立即做些什么来改变这种状态。

如果你发现自己经常通过冲动和愤怒来回应孩子,我强烈建议你调查一下自己失控的情绪来源。通常,这与你家的小小少年没有关系,因此,当你的反应过于情绪化时,孩子不知道该如何回应。当这种情况发生时,你可能会察觉到一种令人不安的沟通障碍。

解决这种类型的沟通问题可能很棘手。你可能会发现,自己很容易将情绪爆发仅仅归咎于抚养青少年的困难。我建议你回想一下自己的人生轨迹,就像汉克明智地选择做的那样,这样才能找到自己暴怒的情绪来源。如果你很难确定自己与孩子的关系中存在哪些问题,我建议去咨询合格的心理学家,让他们帮你解决问题。这可能是你在亲子关系中走向有效陪伴的关键一步。

挖掘你的直觉

我们的生活是如此拥挤和忙碌。我们工作。我们开车。我们看着时间流逝。我们担心。我们花钱。我们做饭。我们打扫卫生。我们向前迈进。我们退到一边。我们尽量保持冷静。我们大喊大叫。我们上床睡觉。我们继续工作。我们有时会迷失在物质世界里。即使那些虔诚的宗教信徒,也经常很难完全坐在座位上或者一直跪着。一旦诵读完最后的祷告,就非常有必要去思考所有需要做的事情。我们对未来的担忧常常会夺走当下宝贵的幸福。

然而，只有活在当下，我们才能传达自己内心的声音、我们的直觉和有效陪伴的模式，真正倾听自己，发现真实的自己。大多数父母都希望孩子首先做到这一点，尤其是当孩子长到十几岁的时候。然而，为了给孩子模拟这个过程，我们需要听到自己的声音，接触到自己的核心直觉，以及自己的有效陪伴模式。我们需要学会活在当下、留在当下，认识到什么才是真正重要的。

此外，父母一旦发现自己有自负心理，就要将它彻底从生活中清除。这样做以后，你会发现自己内心的惊人变化。你还会发现自己的直觉更加清晰了。自负心理会模糊和扭曲你的直觉，让你怀疑自己的创意和决策。幸运的是，自负心理已经被你赶走了，你的直觉开始崭露头角。当直觉来临时，你要鼓励自己一边做到有效陪伴，一边跟着直觉走。你不必依赖其他父母或朋友的想法和意见，甚至不必依赖本书提供的建议。单纯凭直觉，你就会知道如何正确对待孩子。

有效陪伴2：争取加分项

"不要把每件事都看成是'你在跟我对着干'。父母们不知道的是，在大多数情况下孩子都想喜欢他们。如果整个房子里的人都在斗来斗去，那就乱套了，真该死。没有人开心。没有好日子过。"

——克里斯托弗（16岁）

给"情感账户"充值

你可能认为自己在有效陪伴方面做得对，为什么有些做法仍然没有起作用。你觉得与孩子的联系不紧密，或者孩子似乎不听你的。你可能想知道为什么在你们的关系中自己没有任何吸引力，为什么你的话很容易被孩子忽略。关于情商的文献中有一个绝妙的概念在这里派上了用场："情感账户"。

举个例子，一家会计师事务所有两位合伙人，他们的豪华办公室并排在一起。我在这家公司当审计员（说来话长，在另一本书中会讲），被分配到这俩人管理的一个项目中。第一个合伙人，我们姑且叫他"比尔"吧，他可能是我见过的最聪明的拥有金融头脑的人。从基本的借方和贷方到资产负债表和损益表，比尔知道所有的答案，或者说，他可以轻松地解决各种难题。这里我还要提一下，比尔卑鄙到可怕甚至可怜的地步，他喜欢当着全体员工的面揭你的伤疤。尽管比尔知道怎样解决问题，但我们都非常害怕被他问到。被召进他的办公室是一种可怕的经历，因为你知道，不管自己是否做错事，都会被他狠狠地训斥一顿。他不喜欢倾听，只希望你能提高效率。比尔总是会让周围的人觉得自己能力不足，而大多数员工的行事方式就是不惜一切代价避开他。就连比尔的客户也害怕他。我听到他不止一次对客户大吼大叫，指责他们在准备完成工作所需的财务文件方面的无能。

第二个合伙人就是比尔隔壁办公室里的格雷格，他是个和蔼、悠闲的家伙，带着一点儿南方口音，而且很幽默。我感觉格雷格很可能是个会计奇才，但我不敢打包票。他的行事风格是让员工向客户描述工作内容，而他自己则靠在椅背上，边听边点头。在一场客户代表大会上，格雷格简单地问客户："那么，你觉得这个怎么样？我们能做些什么以期更好地为你服务吗？"与格雷格会面的必然结果是，客户会笑着离开，并对自己获得了很好的服务而感到非常满意。

我记得有一天下午，格雷格来到员工休息室的大房间里跟我说话。他问起我女朋友和我最近的洛杉矶之行，谈论了他儿子在足球上的纠结心理。我们还开了一些玩笑。就是这样，没有谈工作，没有交代任务，只是聊聊天。这就是格雷格的工作方式。

现在，作为人类行为的敏锐观察者，我开始注意到人们，包括我自己，似乎更喜欢为格雷格这样的人工作，而不是比尔这类人。当公司要求加班时，他们愿意工作更长时间，抱怨也少得多。原因是格雷格理解"情感账户"的概念，他总是会在与所有客户和员工的"情感账户"中充可观的余额。

根据定义，"情感账户"是指在一段关系中花费的时间和经营的质量产生的情感结果。账户中的"正余额"为一段关系（任何一段关系）提供了坚实的基础，这样的关系会在一切都顺利时蓬勃发展，遇到困难时也能保持承受力。"负余额"往往会滋生敌意和回避。"零余额"会导致产生矛盾感和不安全感。奇怪的是，有一个名副其实的会计科目与"情感账户"的余额很匹配，就是"商誉"，它属于资产类的会计科目。

我喜欢"情感账户"这个概念。我发现它在我生活的各个领域几乎每一段关系中都很有用，从我的个人生活，到我的临床工作，再到我的研讨会，以及为企业、夫妻、父母们做的演讲。你可能想知道，这如何适用于你和孩子的关系。嗯，在这种关系中也有"情感账户"。很简单，如果你的账户中没有"商誉"正余额，就不要指望孩子以积极的方式回应你。这就是很多青少年对他们的父母不以为然的原因。他们认为你更像比尔而不是格雷格。这是个坏消息。

现在有个好消息。可以随时向"情感账户"中充值。这是什么意思呢？实际上，这意味着，如果感到和孩子间的关系有些疏远，你有能力随时改变这种状况。你可以增加一些善意，这样就能以一种真诚且积极的方式影响孩子，而孩子也会越来越投入到你们的关系和你的观点中。如果没有正余额，你会感到沮丧，因为父母所有善意的干预似乎都变得无效，且会日渐消逝。如果没有正余额，你的影响最终就只剩下惩罚——不给孩子零花钱，针对宵禁和使用汽车的问题与孩子谈判，等等。这些惩罚在亲子关系中不像往"情感账户"中充值那样具有同样的影响力和价值。你会发现惩罚远没有你想象的那么有效，而且一点儿也不好玩。

在你和孩子的关系中，"商誉"可能包括考试前鼓励孩子。这可能意味着坐下来谈论艰难的社交处境，但不立即给出建议或判断。也可能意味着，简单地告诉孩子你爱他。还可能意味着，你能感受到孩子在承受高压时的感受。也许你只是试图让孩子知道，如果他想和你说话，你随时待命，而不是非要他把话说出来。不管你选择把什么作为情感余额，重要的是你的态度要真诚。青少年善于发现虚伪的示爱行为。你不必做到完美,不必精心编排,但孩子知道你是否在做真实的自己。

我以我的爸爸为例。在我的记忆中,从童年到青春期,直到爸爸去世那天,爸爸几乎每天都亲吻我的前额(在我16岁时,他需要踮起脚才能吻到我),告诉我他爱我。在我小时候,他从来没有和我玩过接球游戏。我们也没有长时间深入讨论过生命的意义。有很多事情,他本可以做得不一样。但这个姿态、这个吻,对我来说意味着一切。从每一个吻中,我能体会到他无条件爱着我。我知道他支持我,我知道他相信我很特别。在我看来,"爸爸大人"沃尔特·达菲的额头之吻将永远是"情感账户"中的终极余额,足以让我仰望他,留心他说的话。

现在,我们花点儿时间讨论一下如何在亲子关系中争取到你需要的加分项。当我们继续讨论有效陪伴的方法时,请记住"情感账户"这个概念。

简单致谢

当你意识到并承认青少年身上存在某些特殊品质时,就会发生令人惊喜的事情。它能带来的好处远远超过了"情感账户"中递增的余额。内森上大二的时候我就开始对他进行心理治疗了。在我看来，他是典型的小懒鬼。他抽大麻，还是个滑板运动员。他讨厌上学，但为人特别随和，从我们第一次见面起他就叫我"哥们儿"。他会在我的沙发上伸展四肢，我想他还不如躺下来睡个午觉呢。他是个少言寡语的人。在早期的治疗中，我知道我比他做了更多的努力。我对内森做了一些假设。我认为他能完成的事情十分有限。他一直来接受治疗，用他的话说，因为"你真的是够哥们儿。这样我就不用做我父母想让我做的事了。天下太平！"。

过了一段时间，我觉得我们的治疗停滞不前，但内森还是会继续来接受治疗。有一天，内森来告诉我，他们年级的一个男孩由于患了青少年型糖尿病刚刚去世了。他强忍住泪水竭力描述自己的感受。他告诉我，他对那个男孩死亡产生的影响感到很奇怪，这表明那个男孩更像是他的熟人，而不是朋友。但他承认自己还是受到了很大的影响。我感谢内森能在情感上向我坦诚，我告诉他，我在他身上看到了我从未见过的深度、成熟和同理心。内森在我面前第一次坐直了身子。他盯着我的眼睛，给我讲了其他的故事。我知道他开始努力了。在此之前，我从未在一个心疗对象身上看到过如此迅速的变化。

从那天起，内森的变化几乎让我刮目相看。他在治疗期间和治疗之外都会努力学习。他开始在学校取得进步。他甚至梳头了！有一天，他来告诉我，他要为学校做一个重大项目。他说，他原本打算半途而废，做点儿事情敷衍了事，就像他以前做的那样。但现在他决定做一件真正有意义的事情。他组织并举办了一场有关青少年型糖尿病研究的筹款活动。他找了场地，订了乐队，打了电话，发了传单。我为他感到骄傲。更重要的是，内森自我感觉良好。他找到了适合自己的成长之路。

现在内森仍然叫我"哥们儿"，但他的眼神更清亮了，声音也更坚定了，有了以前没有的骨气和信念。我知道，朋友的离世让他发生了改变。我还知道，那种被理解、被承认、被欣赏的感觉也深深地影响了内森，他不再是个小懒汉。认可和承认当然有助于增加"情感账户"的余额，还可以改变青少年的生活进程，正如内森的故事表明的那样。

欢笑的多重好处

"我回家晚了，爸爸一开始冲我大吼大叫，还朝我身上吐口水。随后我俩都笑得前仰后合！真是太棒了！"

——戴维（17岁）

有人说，我们不应该和孩子做朋友，现代家庭的问题之一是试图成为孩子最好的朋友，而不是其父母。也有人说，孩子需要的是能提供指导、家规和管教的父母。似乎一开始我们就认为，如果我们享受与孩子的关系，如果我们与孩子聊得很起劲，那么，我们作为父母就会在某种程度上有欠缺。但我不敢苟同。我认为，重要甚至关键的是，我们喜欢我们的孩子，我们和他们一起玩耍、一起庆祝。我认为，如果我们缺乏这种联系，就会缺乏"能量"去影响孩子的生活，更不用说提供指导、家规和管教了。这将是巨大的损失。

这不是我们体验到的唯一损失。我最近读到，孩子平均每天会笑 185 次，成人平均每天会笑 15 次。在人生的某个阶段，我们失去了嘲笑生活、嘲笑自己、嘲笑一切的能力。我认为，随着年龄和智慧的增长，我们失去了一些非常重要的东西，比如，我们对笑声的敏感性。可悲的是，我认为，我们习惯性地用恐惧取代了欢笑。我建议，我们应该学会从孩子的"书本"中吸取教训，重新学会欢笑。我敢说，这是我儿子回赠给我的礼物，仅仅是因为我愿意接受孩子的欢声笑语。他十分搞笑，所以让我别无选择。我现在又开始保持欢笑。至少在某些时候，欢笑让我们脱去成熟的外衣，暴露真实的自己——傻乎乎的，爱讽刺他人，荒唐可笑，有时甚至会自嘲。欢笑还可以赋予我们即时的洞察力。

欢笑也有助于丰富你和孩子的关系。如果你能在一切顺利的时候和孩子一起笑，那么在遇到困难的时候，你们的关系会更坚韧。

你会发现，在遇到困难的时候笑一笑，改善人际关系和获得解决方案会非常容易。相信我，欢笑能照亮最黑暗的日子。请注意，如果你想在你们的关系中注入轻松和幽默，就要基于你们一起的经历真诚以待。对青少年来说，没有什么比勉强的、做作的幽默更让人反感了。这是很重要的一点，因为不真诚的姿态会制造你们之间的裂痕，强化你的臭名声——"你是笨蛋，你不懂我"。我经常看到这种情况。强迫性的、人为的、程式化的幽默和乐趣是有效陪伴的对立面。

你不必像美国系列喜剧《宋飞正传》（Seinfeld）里的宋飞那样幽默。但你也要真诚，并准备好开怀大笑甚至自嘲。注意孩子在你、他们的兄弟姐妹和他们的朋友那里发现的趣事儿。注意孩子看什么电视节目。或者只是倾听他们的笑声，但要集中注意力去听。不要害怕深入挖掘家庭档案。讲述你自己的事迹，但不仅仅是英勇故事。为孩子回忆那些你笑得最开心的时刻。他们可能会用前所未有的眼光看待你。孩子也喜欢听自己小时候的故事，尤其是那些倒霉的故事和犯错的故事。我曾发现，提一提几年前一个出岔子的圣诞节或被毁掉的假期，就可以驱散你们之间多年的疏离感。我记得，有一个家庭在遭遇严重的情感危机时，他们一起重温了十年前的一场婚礼——糟糕的衣服，喝醉的叔叔，差劲的乐队。就这样，他们开启了新的征程：重新建立了联系。

走出舒适区，陪孩子参加音乐会

13岁男孩托马斯的父母为我讲述了发生在他们家一个关于"情感账户"和亲子关系的离奇而精彩的故事。托马斯去找父母，说自己想去听奥兹·奥斯本的音乐会。父母最初很冲动。毕竟奥兹不就是那个在一场表演中把一只活蝙蝠的头咬下来的人吗？是蝙蝠还是鸽子？不管怎样，他咬掉了什么东西的头，那是活的东西啊，这似乎不像父母为13岁的可爱儿子设想的"健康食物"。但事实是，不管父母是否喜欢，托马斯都是奥兹的超级粉丝。

所以，父母没有简单地一口回绝托马斯，而是开始了有效的亲子谈判。如果让你去看这场音乐会，你和你的朋友打算怎么去呢？谁花钱买票？经过多次协商和深思熟虑，父母决定让托马斯去体验一下，尽管这显然不是他们希望儿子选择的体验。他们进一步决定，出于安全考虑，托马斯和他的朋友必须由成年人陪同。最后，妈妈们抽到了"陪同签"。

因此，两位学院风的、保守的妈妈陪伴着四个十几岁的男孩，在离家40英里的地方见证了他们的第一次"奥兹音乐节"。当然，最重要的是，妈妈们必须自己决定她们穿什么。她们知道自己会是到场的"非典型"观众，但又不想太显眼。因此，在一个特别的夏夜，她们把针织毛衣和卡其裤扔到了衣橱的后面，穿上了普通的T恤和牛仔裤。人们只能猜测，为了完成这一造型，她们拿出了一些有樟脑味、长期被抛弃的摇滚风格服装，用于这次庆祝活动。

托马斯的妈妈跟我说，自己玩得很开心。首先，妈妈允许托马斯体验自己人生的第一场音乐会。其次，妈妈陪同孩子参加音乐会，也挑战了她自己的极限，这对母子俩来说是一次小小的冒险。加油，妈妈们。

关于这次经历，还有一个故事我很喜欢。在观众们鼓掌的时候，正如人们猜测的那样，奥兹大喊了好几次，"我他妈的听不见你们在说什么"。在回家的路上，妈妈和儿子在车里开玩笑：

"奥兹是不是很棒，妈妈？"

妈妈用她最正宗却含混不清的英式口音回敬道："对不起，托马斯。我他妈的听不见你在说什么！"

即使是现在，这句话在家里有时也会听到，全家人都会对此爆笑。现在，妈妈可以轻而易举地走"说教"路线，告诉孩子如何恰当地说话，她和爸爸赞成什么、不赞成什么，等等。但妈妈意识到儿子明了这一切，所以她选择了一条不同的路线。随之而来的是欢乐和情感升级。爆粗口总比说教强，你不觉得吗？

这些父母给各地青少年的父母提出了这样的建议："当孩子来找你时，松开你扣扳机的手指，也不要只说'不'。听着，让孩子说出来，然后你提出建议。你可能会对你们一起达成的想法和妥协感到惊讶。当你这样做的时候，一切问题最终都会解决。即使你不喜欢这段经历，它也会过去的。"

托马斯的父母知道"一切都会过去的"，因为托马斯的兴趣一直在变化。在奥兹之前，是世界自然基金会，然后是纳斯卡，然后是滑板。这对父母从来不说后悔支持了托马斯，只是希望孩子不要惹是生非。对他们来说，与孩子保持联系并在"情感账户"中保持足够的余额，比孩子是否有兴趣参加一些活动更重要。从父母的角度来看，亲子互动远胜于单向监督。

这些都是鼓舞人心的、有效陪伴的父母。

有效陪伴3：沟通和互动

"我的父母只关心我的成绩，不关心别的。我觉得妈妈一直在针对我。她会窥探，寻找我做错事情的蛛丝马迹。这让我很害怕，总是惴惴不安。就好像她在找理由把我赶走似的。如果我觉得她真的在乎我，我会和她谈谈。父母应该清楚，应该关心自己的孩子，而不是成为孩子的巨大威胁。"

——丽贝卡（14岁）

你的孩子喜欢你吗？他们回答每个问题都只用一个字吗？他们愿意花时间和你在一起吗？如果孩子总是躲着你，问题肯定出在你身上。好消息是，可以规避这种情况。但是，没有沟通，没有互动，我们肯定一无所获。

有效沟通对于有效陪伴至关重要。我发现，很多时候父母试图跟孩子过多地谈论孩子做错了什么，这是让孩子痛苦的无效说教。

我建议你严格限制这种类型的沟通。这样做不仅没有效果，还会损害你在孩子心中的信誉。相信我，这是我的经验之谈。

你知道，在家庭中，沟通不良的模式有多么隐蔽。沟通不畅、传达错误、否定和压制，往往像秋叶飘落在家族树下一样，从一代传给下一代。嗯，如果你像其他人一样，你的家庭可能存在一种或多种破坏性的沟通模式。当孩子成为青少年后，你有一个独特的机会打破消极的沟通循环，可能需要追溯到几十年甚至几个世纪前。想一想，你能做出多大的积极改变。想象一下"情感账户"中递增的余额吧。

我在一个被我形容为相当压抑的家庭中长大。据许多人说，在我童年的早期，我们家是一个"完美"的家庭。然而，随着哥哥和姐姐进入青春期，我感觉家人之间的关系变得越来越不和谐。兄弟姐妹们开始经历相当深刻的挑战。家人之间的沟通变得越来越紧张，家庭传达的信息也很明确：这些事情只能在家里处理。随着困难的升级，我们对外界和彼此都变得越来越沉默。结果，我们家成了一个让人焦虑、充满压抑和恐惧的存在：下一个通知我弟弟又闯祸了的电话什么时候会打来？我妹妹什么时候会逃离我们？我们很害怕，私下里禁止彼此谈论对方内心的恐惧。那些不惹事的人，特别是我哥哥和我，只好在乌烟瘴气的家庭氛围中保持沉默、"完美"，我们饱受焦虑的折磨，还要努力缓解家庭带来的压力。

这些年来，我了解到这种压抑的交流模式并不是源自我的父母和兄弟姐妹。我妈妈在一个非常安静、挑剔、苛刻的家庭长大，她是独生女。她描述了一个充满敌意的、孤独的环境。当我看着她小时候的照片时，我很难想象她在那些严酷的岁月里遭受了怎样的情感缺失。我有一种强烈的预感，如果我的外祖父和外祖母还活着，他们的童年也会有类似的故事，甚至可能更加残酷。如果我们能采访几代人之前的家庭境况，我敢打赌，几代人以前，在另一个大陆上也存在焦虑和压抑的家庭，这证明时间和地理都不能保证治愈所有的家庭创伤。

无论如何，鉴于我妈妈的童年生活，虽然她的成长道路布满荆棘，也因此饱受折磨，但她付出了很多努力，让自己敞开心扉，并做到有效陪伴，成就可圈可点！有效陪伴永远不会太迟，而且还可以治愈亲子关系。多年来我们各自努力，如今我比以往任何时候都更亲近我的妈妈。我们彼此之间更容易相处。然而，我常常想，如果我童年的家庭采取开放且有效的交流，会是什么样子。

有效陪伴和无效管教：音乐的力量

我的一个朋友最近提供了一个例子，说明了有效陪伴和无效管教的不同影响。我的朋友马特在音乐方面一直很有天赋。他和他上高中时最好的朋友杰森（也很有才华）一起组建了一支乐队。他们经常合作创作音乐和歌词，马特回忆说，他们经常会纠结于音乐的主题。杰森的音乐和歌词中弥漫着忧伤、恐怖、愤怒、粗暴，这是马特完全无法体会的。相比之下，马特的音乐中编织了一种轻松和乐观，回想起来似乎让杰森感到困惑。

马特认为，他们的音乐风格之所以差异很大，某种程度上是由于他们在青少年时期受到的教育模式不同。马特的父母非常支持马特成为一名音乐家，他们听他的音乐，给予赞扬和建设性的批评。马特告诉我，他知道自己的音乐和父母听着长大的音乐不同，但他们认识到并接受了每一代人的风格都在变化，所以他们自始至终都没有偏见。因此，马特觉得可以自由地通过自己的方式创作音乐。

马特对杰森家庭故事的描述截然不同。杰森是一名才华横溢的音乐家，但他的音乐很少得到父母的认可。他的爸爸认为这是在浪费时间，他的父母也很少出席他的演出。很多时候，被拒绝后的杰森感到很愤怒，感觉与父母的互动很少，因为他注意到父母根本不"理解"他。他的感觉是对的，这也轻而易举地解释了杰森在上高中时似乎很容易创作愤怒型音乐和歌词的原因。

最近在马特家地下室的一次即兴演奏会上，他和我一起演奏了一首名为《货运列车》(*Freight Train*)的古老民歌，他的演奏水平和我相当，我非常欣赏。他告诉我，这首歌最初是在他年轻时和爸爸一起弹奏的,他接着讲述了父子即兴演奏的美好回忆,他们度过了一段美好的时光,他感受到了强烈的亲情。事实上,马特和爸爸关系非常亲密,直到现在,马特还和爸爸一起在家族企业中工作。在这次交谈中,我发现自己不仅为马特感到高兴,也为他的爸爸感到高兴。马特已成年,父子俩依然保持着良好的互动,真是令人欣慰。你瞧,过了青春期后,有效陪伴就会得到回报。马特现在有了自己的儿子,我认为这是一个幸运的小家伙,他将受益于他那位高效育儿的爸爸。

我想知道他们会一起演奏什么歌曲。

我喜欢马特的故事。这确实说明音乐在促进亲子关系方面作用很大。但你不必为了让音乐改变你们的关系而弹奏吉他和班卓琴。总的来说,青少年喜欢分享他们创作的音乐。事实上,我是偶然发现这个事实的。我买了一台立体声音响,放在办公室里,以便在治疗间隙听听音乐。几年前,当我开始与青少年打交道时,几个孩子偶尔会问,他们是否可以带一张CD或iPod来参加心理治疗,让我听听他们的音乐。最初,作为一个循规蹈矩的优秀临床医师,我当然拒绝这些要求,而选择了一个预定的治疗计划。所以,有一段时间,我的办公室里没有音乐。

后来,小史蒂文来了。那时他才15岁,在与我交谈时显得好斗却又沉默寡言,避免跟我说话,避免通过眼神交流,避免任何可能会满足我在临床治疗中好奇心的事情。这种情况持续了几个疗程。我发现自己就像在争抢棋盘、纸牌和罗夏绘卷。他一点儿都不情愿。出于沮丧和绝望，在最后的尝试中，我问史蒂文是否愿意引入音乐。刹那间，他快活了起来。

"你是说，我听什么你就听什么？"

"是的。"

"在这里？"

"是的，当然。"

"里面有脏话。"

"播放吧，史蒂文。"

于是我就坐在那里，作为工作中的心理医生，第一次听艾米纳姆的歌。我以前听过艾米纳姆的音乐。艾米纳姆显然是父母最可怕的噩梦，他鼓励吸毒和叛逆，厌恶女人，粗俗得不可原谅。几个星期以来，史蒂文一直和我谈论他喜欢艾米纳姆的地方。这位内向、不善言辞的年轻人不仅跟我分享了他喜欢的歌曲，还特别强调了那些"打动"他的歌词。突然，我们产生了共鸣。奇怪的是，我还发现我真的很喜欢艾米纳姆的音乐，但在以前我还没听就开始嫌弃了。有意思。

嗯，多亏了史蒂文，一种治疗青少年的全新技术因我而诞生，我办公室的立体声音响也开始经常播放音乐了。我接触过的青少年中，不止一个会自动将 iPod 插入立体声音响，将转盘转到随机播放，然后按下播放键，作为治疗开始的仪式。我们偶尔会看看乐谱，有时候会给我们的心理治疗添加一段美妙的配乐。

真是妙极了，但这种做法对你有什么帮助呢？我明白你的意思。我的直觉是，你的孩子和史蒂文一样，也喜欢音乐。就像我们所有人一样，这是普遍现象。回想一下你第一次听斯普林斯汀的演唱会，或者你姐姐第一次放滚石乐队的专辑。麦当娜和比利·乔尔，你更喜欢谁？英国"黑色安息日"乐队和美国"重金属"乐队，你更喜欢哪一个？没关系，我们都是伴随着自己独特的音乐爱好长大的，你的孩子也不例外。

你知道你家孩子的 iPod 里有什么乐曲吗？如果不知道，我鼓励你经常去问，并和孩子一起听。谈论它，不要评判。你可能会发现自己喜欢音乐，但即使你不喜欢，它也可以让你了解孩子当前的心声。相信我，这是父母的宝藏技巧。这也许是了解孩子的首要方法——敞开心扉聆听孩子喜欢的音乐。

你可能想把这当成玩游戏，就像我几年前开导一个富有创造力的家庭一样。我把他们看成一个家庭整体来解决他们之间的关系问题，尤其是明显缺乏沟通的问题。嗯，就像我当时的做法一样，我建议父母们听听孩子喜欢的音乐。身为音乐爱好者和历史学家的爸爸对此表示赞同。但他有一个条件,即这种互动必须是互惠的:我听你的每一首歌,你也要听我的每一首歌。成交!

在几次谈话中,父子俩经常谈论音乐,比较和对比不同的乐队和声音。我清楚地记得他们有过一场明显的争吵,是关于汤姆·佩蒂摇滚乐队或滚石乐队是否能与九寸钉乐队或愤怒机器乐队相比。在接下来的几年里,他们一起去听对方喜欢的音乐会。虽然现在儿子上大学了,但父子俩仍然经常谈论乐队、新专辑,以及迪伦和科本谁写的歌词更好。当然,这些都是学术上的问题。答案并不重要,重要的是过程。于是,一段关系从无到有,开花结果了。

永远不要小瞧音乐的力量。

亲子互动的其他方式

"我最好的朋友总是和他的爸爸聊天,因为他爸爸会出来和我们一起打街头曲棍球或者踢足球。这是一个很酷的爸爸。"

——雅各布(15岁)

当然,如果你愿意看一看,稍微开放一点、灵活一点,音乐并不是你和孩子能找到的唯一共同点。坐下来和孩子玩一会儿电子游戏，读同一本书，然后一起讨论。晚饭前和孩子一起投篮，在柏油路上跟他们沟通谈心。青少年往往不愿意与父母交谈。你可以与不愿意交流的孩子开展一些活动，这是一种古老的、非常有效的心疗手段。当孩子在做某事时，他们更有可能敞开心扉，男孩尤其如此。如果你很难找到其他的"优质"时间，就在你们不可避免地一起在车里独处的时候和孩子谈谈。即使每天只谈几分钟也可以，这样做是为了保证你与孩子有沟通谈心的时间，让他们知道他们对你来说很重要，让他们知道你很在乎他们。在我的实践中，这是我向父母们推荐最多的一种干预措施，即使他们的孩子正在经历一些令人不安的时期也无妨。孩子需要从你那里听到关于他们的优点，而不仅仅是缺点。就像他们在年幼的时候一样，他们现在需要时间去感受被爱、被需要，甚至被珍惜。

一位妈妈最近形容说她16岁的女儿粗鲁、不成熟，对每个家庭成员都很刻薄。她每天都要和父母、兄弟姐妹吵好几次架。奇怪的是，在一次治疗结束后，这个女孩只想和妈妈拥抱一会儿。一旦我们把这种感情引入（更可能是重新引入）这个女孩的生活中，她很快就变得更加和蔼可亲。母女俩都开始期待着每天晚上的谈话。这位妈妈告诉我，她觉得她们之间的感情已经重新建立起来了。这不是一个谜，真的。她的女儿再次感到被爱、被需要，甚至被珍惜。

请注意，妈妈和女儿谈心，并不是提醒女儿要在学校好好表现，或者让女儿停止聚会以保证有足够的时间与父母互动。如果你能保护好这段"联结感情"的时间，我想你可能会发现你们对彼此其他方面的要求会减少。

充分利用每一刻

最近，一位有三个十几岁孩子（两个男孩和一个女孩）的妈妈来找我，她每隔一两个月就会来接受一次心理治疗。在治疗开始时，她看起来压力很大。她表示自己没什么问题，只是担心和丈夫以及孩子们之间的关系正在恶化。正如她描述的，问题的核心是孩子们非常抵触每个星期日晚上召开的简单的、时长一小时的家庭会议。而她非常重视这个会议。

听完我就笑了。

我不是故意的，但我确实笑了。她很困惑，问我是怎么回事，但她很友好，忍住没说我的回答明显缺乏同理心。

我解释说，我绝不会指望青少年能参加一小时的会议。如果这件事没有实现，我当然不会认为这是育儿方式的失败。

我们必须记住，我们孩子的成长环境在很大程度上不同于我们那一代人小时候的成长环境。现在一切都在飞速发展，我们不打电话，而是发短信；我们不查资料，而是搜索谷歌；我们不等待，而是立刻出发。

我们可以争论好几天,讨论这样的步调对孩子和社会是否有益。但我们不能否认,这是孩子的步伐,是他们知道的唯一速度。这不是他们创造的速度,他们也是刚刚适应这个速度。

所以说,现在的孩子,时间并不宽裕。现在的父母,也很少有空闲时间。我们要充分利用每一刻,也就是每一个瞬间。

没有足够的时间,这并不是坏消息。所以,我们拥有的不是几个小时,而是一瞬间。无论是父母关注孩子,还是孩子关注父母,注意力持续的时间都十分有限。但我们有很多机会。一瞬间可能有多种形式,也可能和一小时一样有意义,甚至意义更大。

我们可以发短信。一句"嗨",或者一句"西班牙语考试怎么样",或者"你看到那个触地得分了吗",或者一句"我爱你",会有很大的影响。也许是一张有趣的图片或一段有趣的视频。我们可以打个电话,说声"嘿!我们可以交朋友"。孩子出门上学前,快速来个拥抱。我们有很多选择。

无论你的育儿方法是什么,我强烈建议你充分利用这些时刻。不要花太多时间哀叹时间的流逝。一旦有时间,你就尽情用。但请珍惜这些时刻。只需一点点努力,它们就能给你的"情感账户"增加一笔可观的余额。如果我们"放它们鸽子",那就太傻了。

亲子和友谊

"你可以同时做我的朋友和父母。比如,如果我的父母常常能冷静地处理事情,我会把发生的一切都告诉他们。我喜欢我的父母,予取予求,但如果他们很混蛋,我会把他们拒之门外。总之,酷父母可以两者兼备。"

——凯蒂(15岁)

我认为,在养育青少年的过程中,我们往往错过了很多机会。在我看来,关于如何正确养育和管教青少年,目前有两种主流的思维模式。在一种模式下,你想成为孩子最好的朋友,把所有的管教都被抛到脑后。在另一种模式下,你是一个专制的父母,只会管教孩子,没有乐趣。的确,当今的传统观念认为,我们的责任是做孩子的父母,而不是朋友。这里涉及两分法,即亲子关系和友谊关系之间的界限。

人们认为,很多父母太过努力地想和孩子成为好朋友。人们担心,最终的结果是孩子会被宠坏,无法合理地认识现实生活,并在以后的生活中为这种"哥们儿式"亲子关系付出巨大的代价。我想,从某种程度上讲这种担心是合理的,也许"哥们儿"的语义发生了变化。我认为，在这种情况下提到"哥们儿友谊"，实际上是我们想引用一些从未奏效的育儿方法，包括管头管脚和溺爱。当然，我也同意，单纯地把孩子当作"朋友"，而缺乏称职父母提供的必要界限和家规，并不是有效的育儿方式。

话虽如此，但重要的是要注意，我们不是青少年的敌人，我们也不想成为他们的敌人。这种非黑即白的互动几乎没有给我们留下宝贵的中间地带。然而，我相信几乎所有的育儿过程都是在这个中间地带进行的。有效陪伴的概念将为你成功进入这一灰色地带（中间地带）提供指导。毕竟我们都想和十几岁的孩子友好相处，不是吗？为什么心智正常的青少年会听他认为是对手或混蛋的人说话呢？此外，我们想和孩子一起享受生活，不是吗？我不希望看到你过分纠正这种友谊原则，以至于你和你家小小少年的关系变得敌对起来。在我看来，这完全违背了为人父母的职责。

转移能量

这里有一个简单的例子。

如果你想和孩子更好地交流，就和他们谈谈他们感兴趣的事情。最近，我治疗了一个叫戴维的年轻人，他在治疗的一开始就告诉我，他这一星期过得很糟糕。他接着描述了一连串生活中出现的问题：他的成绩很糟糕；由于喝酒、家庭作业和宵禁等问题，他每天都会与父母争吵；他很排斥女孩；等等。戴维看起来很沮丧，毫无疑问，他处于低能量状态。就像我们心理医生经常做的那样，我礼貌地听着他说的话，适当地点点头，并承认这对他来说确实是一段艰难的时光。然而，老实说，在听他抱怨了几次后，我觉得自己的注意力开始下降，精力也即将耗尽，我想，在如此消极的一个小时里，我得做点儿有用的事情。

戴维完成了关于自身问题的"演讲"，他的身姿已经从笔直变到懒洋洋地靠在沙发左边的扶手上。我说，希望给治疗过程注入一些幽默，让气氛轻松起来，"嗯，这很有趣。"他觉察到了我的讽刺意味，并承认这其实一点儿都不好玩。我接着问："伙计，能不能说点别的？"

接下来发生的事让我大吃一惊。戴维从沙发上坐了起来，身体前倾，开始告诉我他前一天晚上在历史频道看到的一个节目。他谈到了我们对海底深处的海洋生物知之甚少，并详细描述了在那里生存所需的生物学特性。他甚至用手势模仿了一些奇怪生物的样子，好让我更好地理解它们的古怪之处。就这样，我们找到了激情。但我明白，在治疗的上半场，戴维觉得我在认真听他讲话，并给予他充分的认可。所以，在治疗的下半场，他才重新找回了久违的快乐、激情和活力。如果十年后我听说戴维成了一位著名的海洋生物学家，我一点儿也不会感到惊讶。令人惊讶的是，能量上的小小转变能产生如此惊人的效果。

当然，这次谈话并不一定会如我所愿。麻烦的是，我甚至不知道自己想让谈话朝哪个方向推进，只知道应该不同于原来的方向。然而，我们最终找到了戴维的能量、激情和热情所在。我仅仅需要意识到自己的精力已经耗尽，谈话的焦点也随之转移。戴维离开治疗室的时候脚步轻快，我敢说他对我的治疗感觉很好——被倾听，被尊重。他很期待我们的下一次会面，并建议我在他离开后看看历史频道的节目。在50分钟的时间里，戴维从抑郁、低能量、消极思维，转变成了高能量、兴奋、热情。我好不容易才让他结束治疗！说真的，我们不都是这样吗？找到我们的激情所在，然后出发。我知道，这样形容我的治疗确实恰到好处。

多么简单而精彩的一课啊。让青少年参与他们感兴趣的事情，他们往往愿意谈论。如果你是一位忙碌的家长（我们当中有谁不忙呢），真的需要花点儿时间，深吸一口、两口或三口气，为这种类型的谈话留出时间。但要注意一点：如果你处于"匆忙"模式，孩子能感觉到，就会失去交流的机会。所以，关掉手机，深吸一口气，进入状态。谈谈孩子的兴趣爱好，问他问题，和他辩论。玩得开心点，享受你们在一起的时光！

我听到很多青少年说，他们觉得父母并没有真正关心他们，他们能准确地指出妈妈的漠不关心或爸爸关注工作比关注他们更多。几星期前,在一次家庭心理治疗中,我发现一位爸爸在女儿讲话时偷偷用黑莓手机查看电子邮件。当时,我觉得这很有趣——当然这也清楚地说明这些设备是多么让人上瘾。但想想这个少女传递出的信息:即使在这短短的一个小时里,当我们在这里专注于这个女孩和她父母的关系时,爸爸也无法放下手中的事。这真的让人痛苦,因为在那一刻爸爸的行为证实了女儿在接受治疗过程中对他的许多断言。幸运的是,这个家庭足够开放,让父母这种漫不经心的态度在一段时间内成为谈话的焦点,而且这种现状有改变的可能性。

重启沟通

"父母应该是孩子的盟友,而不是敌人,对吗?我是说,为什么不呢?难道我们这辈子都要互相憎恨吗?这有什么意义呢?别恨了,伙计!"

——杰克(16岁)

当你阅读这一节内容时,我鼓励你,不管当前的情况或冲突如何,回忆一下曾经与孩子之间牢固的感情,即使这已经过去好几年了。

几年前，我看了一段对保罗·西蒙（Paul Simon）的采访，保罗在采访中回顾了自己的职业生涯。作为一名作曲家和歌手，尽管他有明显的天赋，在世界范围内广受赞誉，但他仍然认为自己并不成功。他指出，缺乏爸爸的认可和支持是他不满意自己的原因。具体来说，爸爸从来没有跟他说过"你是我的骄傲"之类的话，这让他无法感受和享受自己的成功。这是一个令人悲伤而震撼的时刻。我们可以让整个世界一次又一次地告诉我们，我们是多么的优秀，但是，如果没有父母无条件的爱和认可，这一切顷刻间会变得毫无意义。当我为我的职业生涯做决定时，我仍然会考虑爸爸会怎么想，其实爸爸十多年前就去世了。如果这么多年来我们对父母仍然有这样的感觉，我们怎么能指望我们的孩子对我们有任何不同的感觉呢？

我们要知道，青少年只是想发出自己的声音，让别人听到他们的声音。就像其他人一样，你懂的。当他们开始表达这种声音时，你把他们拒之门外或者打断他们，他们就会撤离——离开你的不仅有他们本人，还有他们对你的感情。这时你可能会收到一句惊人之语："去你妈的！"但是，千万不要相信孩子不想获得你的认可，不想和你有联系，不管孩子说什么或者做什么，他们都想与你有感情联系。没错，孩子也需要和他们的朋友保持联系，但不要低估他们和你的感情对他们的重要性。

准备好经历一次转变吧。当你开始与孩子建立更好的联系时，你会看到他们对你更开放，能更轻松地与你沟通，你也会找到更多的动力和灵感。结果可能并不完全像你想象的那样。但我鼓励你相信，无论结果如何，事实就像我们想象的那样，只要你采取了有效陪伴的方式，你就是在做最好的、最有灵感的父母。

最近我与一位爸爸和他十几岁的儿子詹姆斯进行了一次交流。他们走进来，分别坐在沙发的两端，然后就争吵了起来。首先是爸爸的一连串质问：

"你昨晚没问我就把车开出去了吧？你什么时候回家的？告诉医生。你现在的数学成绩是多少？你的作业做完了吗？你为什么这么不尊重我？"

不出所料，詹姆斯很快就把爸爸拒之门外。值得赞扬的是，爸爸察觉到了这一点，改变了策略，挑了挑眉毛，改用一种听起来更有同情心的语气：

"你知道我爱你。我只是想让你学习一些技能，这样你就可以做得更好！你可以提升自己的学习和组织能力。詹姆斯，没有这些能力，在社会上打拼会很艰难。你必须找到能激励自己的东西。至于电子游戏，我们得让你少玩。你听到了吗，詹姆斯？"

这种说教是徒劳的。我很容易就能看出，詹姆斯以前听过无数次。难道他的爸爸看不到这一点吗？他怎么能忽视这样一个事实：每次说教一开始，詹姆斯就会目光呆滞，盯着房间的某个角落，极其死板！在任何情况下，无论我尝试什么治疗策略，都找不到父子俩的共同点。在这次谈话中，父子俩似乎根本无法沟通，他们甚至没有看对方一眼。很明显，这就是他们一直以来谈话的现状。现在，我经常在治疗过程中留意自己的情绪，作为我接下来沟通或干预的指导。在这次治疗过程中，我一直感到悲伤和空虚。这真是一个可悲的场景，不幸的是，我以这样或那样的方式目睹了无数次。让人心碎！

直到我问父子俩以前俩人有什么共同之处时，他们的语气才有了变化：

"我不知道你是否记得，在你小时候，我常常带你去看公牛队的比赛，只要我能买到票，我们就会去观看。你是一个有趣的孩子，因为有史以来最好的球队之一，而且乔丹和皮蓬都在场的情况下，你竟然最喜欢帕克森。记得吗？喜欢帕克森超过乔丹，天啊！你还记得吗？"

詹姆斯微笑着点了点头，神态几乎让人觉察不到。消失很久的激情又回来了。这向我证明，这对父子对互动的期望并没有消失。我们暂时抛开眼前的小危机，谈了谈过去关于篮球的一些琐事，这是一个更重要的话题。火花被轻轻点燃。父子俩离开时都记得，在日常生活中所有肤浅的废话遮掩下，他们彼此实际上很相爱。

我们需要更多这样的时刻陪伴青少年，并提醒父母们亲子互动的意义。我经常看到父母们由于一时的沮丧而放弃这种互动，就像詹姆斯的爸爸在我眼前产生的冒险举动一样，挖掘过去的互动时刻，如果奏效，就会呈现火花四溅的情景。或者找一件当下你能接触到的事情，选一两个时机，保持沟通，达成一致，甚至进行一场善意的辩论。毕竟这种互动是你们关系的核心，是你们关系保持弹性的基础，可以使你们的关系在面对"青春期风暴"时不那么脆弱。没有这个基础和核心，你们的关系以及其中所有的爱和智慧都将被彻底摧毁。努力去培养这个核心，你们之间联系的力量将会帮助你们渡过难关。

让父母少跟我啰唆

我不得不承认，在个人治疗中，我从青少年那里听到的最常见的治疗目标是"让父母少跟我啰唆"。嗯，也许这对治疗不会起太大作用。有时候你也会从孩子那里听到这些话——"我只想让你离我远点！"，或者"我需要自己的空间，伙计！"。当然，许多家长会立即对孩子的这种态度表示反感。但我要提醒你，在青少年发育的过程中，他们有这些感觉很正常，你可能在青少年时期也有过这种感觉。

现在，我发现这些陈述对不同的孩子有不同的意义。找出它对孩子意味着什么，因为它可能不仅仅是激素分泌旺盛的青春期少年的一声咆哮。通常情况下，这很可能是事实。因此，在我的治疗和开导工作中，我有时会选择与这个目标保持一致，而不是试图说服青少年放弃："好吧，我们怎样才能让你的父母少跟你啰唆？你能控制什么？你能做些什么让他们安心，让他们放你一马呢？"

现在，父母也可以拿这些问题问孩子。再说一遍，我不是想冒犯你，而是鼓励你把自负心理放在一边，以好奇心为重。这种特殊的干预手段可以为那些原本非常严重的冲突增添一些乐趣和俏皮的色彩。这些问题不仅能减轻你的情绪负担,还能让你和孩子一起解决问题:

"所以,你觉得我在跟你啰唆。我明白。你认为我们能做些什么来改变呢?"

"好吧,我想我至少得开始做一些作业了,否则你永远都不会放过我。"

"说得好,吉米。这可能是一个良好的开端。"

"也许我现在可以做一些事情,不劳烦你像倒垃圾似的催15次我才去做。"

"是的。那样我很快就不会再烦你了。"

现在,你们真的开始敞开心扉交流了。

有效陪伴4：呵护时刻

"有时候，我想和爸爸一起做一些事情，但他不能。当他不能做这些事情时，我并不生气，因为我知道，他不做是为了不伤害我。"

——杰夫（12岁）

远离手机

有效陪伴的一个重要组成部分是清理我们生活中的杂物，这些杂物通常会潜移默化地让我们无法真诚地照顾孩子，让我们无法完全参与到亲子互动中。最近的一个晚上，我的妻子朱莉指出，虽然我们一家人都待在同一个房间里，但都盯着不同的屏幕。在现在的美国，我敢打赌，在许多家庭中，独自看屏幕的时间也算作优质时间，但事实并非如此。朱莉正确地指出，这让她很沮丧，我们开始以不同的方式在一起消磨时光，即使有时这意味着我们所有人都盯着同一个屏幕看。

有时候，有效陪伴是一个深层的心理概念，消除你作为父母的情感障碍，促进自己完全参与孩子的活动。而有时候，有效陪伴远没有那么复杂，而且能起到显而易见的作用。

作为父母，我们总是在找一些狡猾的借口逃避最重要关系的建立，不是吗？我的一个朋友告诉我，她丈夫最近在一个星期日看了一场橄榄球比赛，然后又看了棒球比赛（真不知道我们什么时候开始一天能看两场比赛），基本上不分昼夜地无视他的孩子。当然，由于那是季后赛，因此我们破例一次。或者由于是《美国偶像》本季大结局，因此我们破例一次。但也有很多是例外情况，数百个频道的电视节目和一台超速运行的DVR，让我们的时间慢慢被消磨掉了。这可能是一种倒退，只有当我们退后一步仔细观察，才能发觉。注意，不要允许太多的例外。当孩子有疑问时，请为他们腾出时间解答。否则，过了这个村就没这个店了。机不可失，时不再来。

去年父亲节那天，我和家人去附近的游泳池躲避90℉（约32℃）以上的高温。在游泳池和周围的场地上，我们一家人聚在一起聊天、大笑、玩耍和吃东西。我和儿子在游泳池里玩，尝试了各种各样的游戏，包括扔球和泼水。附近的一个男人也带着他的儿子来了，他们自己涂了防晒霜，挑了一个球，看起来他们也打算玩扔球。这对父子都跳进了水里，爸爸和儿子一起玩了整整三分钟。当那个小男孩恳求爸爸继续玩时，我看到小朋友的脸上流露出了一丝沮丧。小男孩继续一个人玩球，偶尔也和我们玩一会儿。我不禁觉得，对这个小朋友来说，独自玩耍也许是一种熟悉的场景。

此外，我得承认，我的好奇心战胜了一切。我一直盯着这位爸爸，他甚至还没擦干身体，就去查看自己的黑莓手机，天知道是为了什么。他盯着手机，按了几下按键，然后把它放在躺椅旁边的桌子上。不到30秒，他又看了一眼手机。他就这样盯着小屏幕，按着按键，至少有半个小时。与此同时，他的儿子就在几英尺远的水里，独自玩耍。

我不禁在想，到底是什么事情如此重要，以至于这个人宁愿放弃和孩子在一起的宝贵时间，过父亲节还依旧在刷屏！对他们俩来说，父亲节真是太坑人了！当小男孩从水里出来站在爸爸身边时，场面变得更加严峻。爸爸似乎太专注于小屏幕，甚至没有注意到儿子正在试图引起他的注意。这个孩子根本没有机会，因为电子邮件的吸引力太强了！

再举一个例子，我最近与一个好朋友讨论这个概念，他是三个孩子的爸爸，由于工作原因，经常出差。在我们交谈的过程中，他吃惊地发现，当他回家经过前门时，首先会看一下邮箱。顺便说一下,这个男人是个体贴、慈爱的爸爸。他意识到他给家人带来了负面影响并感到遗憾,他决定立即做出改变。从现在开始,等一等再处理邮件。停下来想一想:你可能会给孩子传递什么微妙的信息?

解决这个问题的方案几乎太明显、太简单了。当你和孩子在一起时,关掉黑莓手机,不要接电话;邮件可以等一等再处理;与孩子进行眼神交流,而不是盯着手机屏幕。让孩子知道,父母跟孩子在一起是最重要的事情。不是因为你希望事情貌似这样,而是因为事实就是如此。

我真不敢相信,在父亲节这个特殊的日子里,这位爸爸居然没有领会亲子互动的意义。我们都知道并不是只有他一个人这样。一星期后,我看到另一位爸爸在孩子的独奏会上也有同样的举动。我们都见过许多父母和孩子在一起时几乎不停地打电话。这是一起共度时光,还是仅仅待在身边而已?可悲的是,这段关系的未来会怎样,就像白纸黑字一样清晰,不是吗?如果你习惯一次又一次不理会孩子,猜猜多长时间后你会说:"去你的,我出局了!"我可以肯定地告诉你,有些孩子在十几岁的时候就已经做了决定。

所以,你和孩子说话的时候,停止你正在做的事情,看着她的眼睛。你要求别人怎样对待孩子,你就要怎样对待她!

我知道,大家现在都很忙。我们有拥挤忙碌的日程要安排,有工作要做,有家庭要打理,有游戏要参与,有家庭活动要计划。然而，我鼓励你在阅读这一节内容的同时，停下来思考一下自己的价值观。对你来说什么更重要？你生命中谁对你更重要？你是否按照这些价值观生活，是否按照这些价值观优先安排自己的时间？我知道，对你来说你和你十几岁的孩子之间的关系很重要，否则你现在就不会在读本书。认识到孩子在你生活中的重要性，以及你和她的关系状态，用你的行动证明，她是你心目中最重要的人。

现在就花点时间跟孩子保持联系吧，不要带着任何需求或期望。我保证你这样做后不会后悔。

我还要补充最后一段激励的话。在过去的几年里，我的许多心疗对象都是青少年，大多数是男孩，他们的父母向我介绍说，他们沉迷于电子游戏。这些孩子会连续玩几个小时《使命召唤》《光晕3》或《魔兽世界》，这让他们的父母很沮丧。在某些情况下，我认为这可能是一个严重的问题。还有一些父母抱怨说，他们的孩子醒着或睡觉时，很少不戴耳机。别忘了，孩子沉迷于发短信，会让很多父母痛苦不堪。但我想知道，我们作为父母，是否通过痴迷于电子产品（从iPhone、iPad，到黑莓手机、平板电视，再到笔记本电脑）而为孩子树立了这种榜样。是的，伙计们，在很多情况下，我认为我们也是问题的一部分。在我们的孩子进入青春期后，我们需要实践自己宣扬的育儿方法。孩子很聪明，他们会揭穿你的虚伪面具，让你几乎没有理由争辩。

你会给孩子发短信吗

现在,请允许我反驳一下。事实上,我并不反对你与孩子通过电子产品进行交流。我曾接触过许多家庭,他们经常通过手机保持联系,让许多父母感到欣慰的是,他们只要打个电话就能找到他们的孩子。此外,一些家庭发现,在某些时候发短信是一种有用、新颖、有趣的交流方式。我认为,相对于更直接、更私人的交流,发短信是一种效果相对较差的替代方式,但它肯定比完全不交流强。

作为父母,我们也需要面对一个现实。发短信是青少年最喜欢的交流方式之一。偶尔给孩子发个小便条、小提醒或小笑话,可以让你们保持一些联系。我最近接触了一位爸爸,他和16岁女儿的关系非常矛盾。每次父女俩共处一室,就会发生争吵。我建议这位爸爸每天给女儿发一两次短信,内容应该是友好的、温和的,而不是消极的或评判性的。他同意了,他们面对面的交流开始迅速改善。顺便说一下,他们继续每天互相发短信。他最近告诉我,他偶尔会给女儿发条"我爱你"的短信。有一次,他也收到了女儿回复的"我爱你"。他说,这让所有眯着眼睛看屏幕、拼写错误、敲打迷你小字母的辛劳都变得非常值得。

所以,有时候,手持设备的能量可以用于好的方面。

向上看

我曾接触过一个心不在焉的人。他说自己常常忘事儿,无论是在家干活还是在单位做事,总是顾此失彼。他承认,现在的他,无论是对自己,还是对别人,都没什么用。总之,他经常丢三落四:钥匙、重要文件,甚至他的结婚戒指(你可能猜到了,这真的给他带来了麻烦)。他约见他人经常迟到,包括预约的心理治疗。

我们努力想找出一句咒语或断言,可以帮助他随时获得帮助,但我们发现这个任务相当令人沮丧。我们想到的办法似乎都不适合他。

后来,有一个星期,他提前来参加心理治疗,渴望分享自己最近经历的一个启示性的"顿悟"时刻。他意识到,绝大多数时候自己的眼睛都是看向下方。他要么盯着屏幕,要么盯着手机,要么走路时盯着地面。因为他的目光向下,他声称自己几乎错过了一切。向下看已经成为一种根深蒂固的习惯,他发现自己在任何时候都没有意识到这一点。他的新咒语很容易就从这一启示中脱口而出:"向上看。"

向上看。

这改变了他的一切。他不再健忘,而是全神贯注。他觉得自己更能融入工作、人际关系和生活的方方面面。这个人刚做了爸爸。我可以想象,他刚出生的女儿将从爸爸的咒语中受益匪浅。

我鼓励你今天尝试一下"向上看",回顾并注意它在你生活的各个方面带来的变化,尤其是在育儿方面。

有效陪伴 5：心态平静，后果明确

"你知道吗？我父母给了我太大的回旋余地。别幼稚了。这会让我觉得他们根本不在乎我。请关注我正在做的事情，并揣摩我的言外之意。孩子需要父母的指导，真的。"

——佩顿（17 岁）

纪律处分

你可能会想，只要孩子能调整自己的行为并遵守纪律，你们之间的问题就会消失。也许你发现孩子缺乏纪律意识，不愿意遵守规则，或者对最简单的家务或要求，都有挑战极限的倾向，这让你感到沮丧。例如，孩子可能会同意清空洗碗机、倒垃圾、开始做家庭作业或者打扫自己的房间，但你希望他们现在就完成，而他们却说会在给最好的闺密发完短信后再做这些事情。

你可能还认为，我想让你对诸如此类的"罪行"采取"温和"态度。"好了，现在就在原地等一等，达菲。你是在告诉我，我没有权利指导、管教，甚至没有权利养育我的孩子吗？这本书的重点在哪里？我可能要找些实用的东西，达菲医生。去他的有效陪伴，都是废话。我需要铁拳，真该死！"

嗯，我的意思并不是说你们没有资格做父母，事实恰恰相反。适当的纪律提供了青少年需要的家规和界限，这是孩子未来成功的必要前提。然而，我认为，如果没有清晰的、充满爱的沟通，你就会在这段关系中变得无能为力。

想想看："天啊，爸爸，你已经几个星期没跟我说过任何事了，只会说我是个糟糕的孩子，现在还想对我的期中考试成绩大发牢骚。跟你说，我本来要和几个朋友出去，但转念一想还是赶紧取消计划吧，我们可以好好谈谈我的纪律问题。我们为什么不去客厅呢，那里比较舒服。"

是的，这种情况时有发生。

如果你还在犹豫，那句老话"等你爸爸回来"也不管用了。我问过了，恐吓战术是有效的，但用于管教现在的青少年几乎无效，只会扩大你们之间的鸿沟。是的，我确定。

那么，我们来讨论一下什么是有效陪伴。首先要记住的是，家庭纪律就是家庭结构。实际上，青少年对家庭结构的反应很好，他们也需要家庭结构。但当他们努力争取独立时，你会感觉到他们愿意遵循家庭结构和追求个性之间的冲突。你必须明智地选择管教模式，规则越少越好：你强加的规则越多，孩子破坏规则的行为就越多。你冒险对孩子管头管脚，不给他们足够的空间面对困境和解决问题，他们就不能自己摆脱困境。同样，你要给他们足够的空间培养自己的能力，约束太紧会阻碍他们提升能力。认真选择你的管教方式吧。

现在，在所有的亲子互动中，作为父母，你的意图至关重要，但最重要的是纪律。如果你打算通过纪律教导孩子，培养他们的能力和责任感，我坚信，有了这种清晰的态度，随着时间的推移，你将会梦想成真。另一方面，如果你的意图是通过生气、愤怒和失望惩罚孩子，孩子只会知道你在生气、你想惩罚他们。孩子的性格不会以适合他们的方式发展，你会发现自己重复的管教技巧令他们倒胃口，也产生不了令人满意的结果。

再强调一下，要清楚有效陪伴并没有剥夺你管教孩子的权利。恰恰相反，你所有的纪律力量都来自有效陪伴。如果你的纪律与冷静、关注和慈爱相关，它将比仅仅传达愤怒和沮丧的家庭纪律有效得多。在后一种情况下，你只是在模仿自己不想在孩子身上看到的行为，无意中支持了他们以同样的方式回应你的可能性。这样做既没有效率，也没有乐趣。

此外，冷静、有爱、有效的管教并不要求你太过纵容孩子。相反，在一场不受任何紧急危机干扰的平静谈话中，你可以在家里建立一套明确的行为契约和指导方针。我鼓励你让孩子参与契约的构建。这样，他们就会觉得自己是参与构建过程的一分子，因此更愿意接受契约的原则。无论是否形成书面文字，你和孩子之间的契约应该总是非常清楚，一旦违反了契约规则或指导方针，就很少或根本没有讨价还价的余地。孩子会觉得自己有更多自主权应对发生的事情，因为他们自己做了决定，他们可以选择是否遵守规则。如果孩子选择不这样做，后果很明显，你们需要进行一些基本的探讨。稍后我们会更多地讨论行为契约。

现在，请记住，我们希望家庭纪律只代表你与孩子互动的次要部分，而不是主体！

接下来我要分享一个关于纪律的重要提示。如果孩子做了一些你不认可的事情，我建议你冷静地坐下来和他们讨论这个问题。"我真的不同意你昨晚做的选择，去参加那场聚会，还对我们撒谎。"按你认为合适的方式处理这件事。在这种情况下，你作为父母有决策权。但是，要注意把孩子的行为和孩子自身分开。也就是说，这两句话的效果截然不同："这是个愚蠢的决定，我希望你将来能做出更明智的选择"和"你这个白痴！我真不敢相信你会做这么愚蠢的事！"有很多青少年因为父母对自己做的一些糟糕决定的看法而被贴上了"废物"标签。你可以谈论孩子的决定，但要让孩子知道，你真诚地信任他们，相信他们有能力做出正确的决定，下次能做得更好。孩子遇到每一个问题、每一次失败，都是你们对话交流的机会。如果你一直纠结于孩子的性格，就会把他们成长和建立自尊的机会都弄丢。

惩罚、奖励、后果

让我们保持简单。你可以选择惩罚孩子的某些违规行为，你知道该怎样做。作为家长，我认为惩罚是你的权利。但我不会去惩罚，更不会频繁地惩罚。

相反，我鼓励你更多地关注孩子的积极行为。我发现，当父母"撞见"孩子做某件事的时候，会支持和奖励孩子的这些行为，这反而更有用。我的经验告诉我，如果你选择关注自认为消极的行为，孩子更有可能倾向于去做消极的事情。当然，如果你选择在交流中关注积极的一面，你往往会看到更多积极的一面。吸引力法则似乎在这里特别适用。

惩罚往往会导致持续的争吵和冲突。最糟糕的是，我发现惩罚往往会切断沟通和互动。如下所述，我更喜欢用一种方法确定某些不可商量的行为的后果，而青少年需要深深参与其中。我再强调一次，如果我们是开放的、称职的，孩子的每一次失误或违反规则的行为都会给巩固彼此的关系带来机会。我鼓励你在因愤怒而想严厉惩罚孩子时深呼吸，想一想在这种情况下维系良好亲子关系的机会在哪里。面对现实吧！众所周知，如果你想说教，还没等你说出口，孩子可能已经把你的说教剧本背诵出来了。这就是说教永远不起作用的部分原因。你以任何方式压制交流，就等于让孩子在自己的大脑中屏蔽了你的声音，而这些声音是孩子在做决定时的重要指导。

所以，如果有必要，就惩罚他们吧。但是，如果你选择这样做，就应该知道风险是什么，并确保自己不会因盲目生气或愤怒而惩罚孩子。有效陪伴更有可能放弃惩罚，以获得明确的结果，强化积极的行为和开放的沟通。

行为契约

我最近举办了一场针对家长的"焦点访谈"，一方面了解他们的担忧，另一方面收集可能对其他家长有用的想法。有一对夫妇提供了他们多年来对自己的孩子使用的一种宝藏技巧，我立即决定将其收在本书中。

每年一次，大约在学年开始时，这对父母会起草一份全面的、书面的行为契约，包括违反契约的后果（注意我们的用词，是"后果"，而非"惩罚"）。契约中提到了常见的违规行为，包括但不限于违反宵禁、忽视家务、饮酒和考试成绩差等行为。所有条款由双方协商确定，并在契约中明确规定。我建议你列出不超过六七件违反契约的行为，然后选择自己的管教方式。如果铺床真的不重要，就关上卧室的门，并把这一项排除在契约之外。

这对父母还认为，很有必要让孩子在缔结契约的过程中发挥作用。他们知道，青少年更有可能接受并遵守他们参与制定的契约。他们用法律术语、签名和反复的谈判，使契约的创建过程变得很有趣。

此外，为了控制谈判中可能存在的情绪爆发，这对父母决定在公共场合（例如在餐馆吃饭时）起草契约。没有大喊、尖叫或发脾气，没有任何丢人的场面。这真是太棒了。不用说，这对父母表示，他们的契约签订得非常成功。他们最大限度地减少冲突和消极的沟通，培养信任和能力，并腾出时间与孩子开展更愉快的活动。而且他们一年只需续约一次。这是个好主意，不是吗？自从学习了这个技巧，我就向许多有青少年的家庭提出了这个建议。一些家庭已经开始实施这些契约，我听到的都是积极的反馈。这是有效陪伴的优质模式！

现在，关于这个想法，我还有一点要补充说明。最近，我和朋友出去吃饭,我提起了这个亲子契约的话题。在这次讨论中,我的一个朋友明确表示不赞成这样的安排,他说:"为人父母就是要教会孩子做出判断,如果有契约,孩子就无法学会怎样判断。这种'承包孩子成长'的行为就是'直升机式育儿'。"这是一个有趣的观点。他认为,签订契约可能不是在所有情况下都有用,但在某些情况下可能是个好主意。

由于我尊重他的意见,因此我考虑了他的想法,并建议其他家长拒绝采用这个主意。他们中的许多人表示,他们计划很快在家里实施类似的做法。经过多次讨论后,人们清楚地认识到,这样的契约最好适用于那些被认为不可协商的行为:要么涉及健康或安全,要么涉及对父母特别重要的行为,比如,尊重成年人和遵守宵禁。你不能也不想起草一份涵盖所有潜在行为的契约。

我发现,行为契约可以促进人们做出判断。实际上,你通过与孩子签订契约,目的是让他们知道自己可以做选择。他们也会根据自己对你的感受和契约的了解做出决定。如果他们选择违反契约中包含的行为,其后果在契约中有明确的规定——不需要讨论、辩论或争论。当然,这也给孩子预留了去做无数不包含在契约中的行为的可能。因此,孩子需要在你的指导和咨询下充分行使他们的判断力。

行为契约范文

　　以下是_____和他的父母_____之间的行为契约。本合同是在自愿、公开的基础上签订的，没有不正当的武力或胁迫。签订这份协议的目的是更好地确保_____的健康和安全，明确不可商量的行为导致的后果，避免任何误解，并让我们腾出时间一起做其他事情。这份文件绝不能被解释为对_____缺乏信心或信任。

　　也就是说，如果_____选择做以下任何一种行为，我们一致同意。鉴于违约的性质，以下所描述的后果是合理的。因此，只需参考本契约，无须对任何违规行为进行讨论。

　　现在就一系列行为及其后果达成如下协议：

　　1. 对_____实行宵禁，并规定，如果_____选择尽早回家，那就再好不过了。

　　后果：_____

2. 禁止饮酒。

后果：_____

3. 所有的家庭作业都在晚上完成。

后果：_____

4. _____

后果：_____

本合同自签订之日起一年内有效。

孩子：_____ 妈妈：_____ 爸爸：_____

何时说不：听从直觉

"我的父母为我做了很多。至少在某些时候，他们就是我的决策人。"

——苏珊（14岁）

最近我和一位妈妈聊过，她16岁的女儿莎拉想去看自己人生中的第一场演唱会。这位妈妈希望女儿能享受这种体验，但妈妈也开出了条件，并向我咨询这样的条件是否合理。她想知道举办音乐会的地点，谁会参加，什么时候开始。她希望女儿保证那天晚上不喝酒。最后，尽管女儿和她所有参加音乐会的朋友都有驾照，这位妈妈还是希望有一位家长开车载他们过去。

可想而知，莎拉的脸色铁青，说："太丢人了！我们都会开车，你却不让我们开！我就知道你会把事情搞得一团糟！我就知道你会毁了这一切！你根本不信任我！"

嗯，也许她的妈妈不信任她。青少年有资格得到父母无条件的爱。但信任和尊重必须靠自己去争取。健康和安全问题不容置疑。所以，这次妈妈选择不妥协。事实上，此时此刻你们可以行使作为父母的权利。当涉及孩子的健康和安全问题时，你总是会关注。我鼓励你遵从自己的直觉。那么，你可能会问，当一个人不清楚健康和安全是否真的有问题时，该如何做出决定呢？

如果你感觉一个特定的情况或环境不太对劲，可以而且应该说"不"，或者去改变这种状况，就像这位妈妈做的那样。我鼓励大家在这时候保守一点。如果你对一种情况感到不安，很可能有充分的理由，跟着自己的直觉走。这位妈妈的直觉和本能驱使自己做出了决定。她不想剥夺女儿第一次看大型演唱会的机会，但她也不想这个过程中有安全隐患。

一旦你决定去做，我鼓励你不要过度解释或者进一步讨论。听到太多的建议会使你的立场不再坚定，并可能使你对自己立场的任何疑虑凸显出来。你是家长，做出这样的判断是你职责的一部分，不要指望孩子会乐意、理解或感激。正常情况下，他们会很生气，但这也没关系。

对孩子说一句"我很担心你的安全"就足够了。你很可能会收到机智的反驳："凯西的妈妈会让她去。"你的回答是："噢，那是凯西的妈妈。"不用多说了。你的家庭、你的孩子、你的规矩，没有商量的余地。就此打住，不要再说了。

有效陪伴6：顿悟时刻

"在你改变看待事物的方式后，你看待的事物也会发生改变。"

——韦恩·戴尔博士

喜爱和赞赏

几年前，为了举办一场关于亲密关系的演讲，我做了一些调研。在这个过程中，我读到著名情感专家约翰·戈特曼博士的一句话。戈特曼声称，他可以非常准确地预测一段关系的可行性。具体来说，他常常在见到一对夫妇的几分钟内就能判断出他们五年后是否还在一起。为了支持自己的观点，他收集了数千对夫妇的婚姻数据。很神奇！

戈特曼博士还着手研究了维持婚姻长久的各种变量。通过研究大量的事实，他发现，维持健康亲密关系最重要的两个核心变量是喜爱和赞赏。的确，是喜爱与赞赏。不是他们是否经常打架或者解决纠纷，也不是他们是否有共同的兴趣，甚至不是他们是否在一起度过了很多美好的时光，只是喜爱和赞赏。这些年来，随着我与各类夫妻相处的时间越多，无论是在个人生活还是在工作上，我就越能理解戈特曼博士的观点。想想你认识的夫妻，我敢打赌，你会在自己最欣赏的婚姻关系中发现夫妇之间表现出来的两大特征：喜爱和赞赏。他们可以一起在"情感账户"中积累大量余额。

请记住，戈特曼博士的研究涉及忠诚关系中的亲密伴侣。类似的研究还没有在亲子关系中进行过，但我一点儿也不惊讶地发现，同样的两个变量——喜爱和赞赏，是影响这些关系成功以及享受这些关系相当重要的因素。我确实注意到了这些因素在亲子关系中的存在，并认为这是最关键的两个变量。

有一件事我可以肯定：如果你没有表现出喜爱和赞赏孩子，孩子也不会表现出喜爱和赞赏你。不幸的是，我已经多次遇到过这种情况。我想到了一个特别的例子。托尼是一位已经离婚的爸爸，他太专注于婚姻结束带来的痛苦，以至于完全忽视了13岁女儿珍妮特的需求。而珍妮特告诉我，她觉得自己与爸爸的关系越来越疏远。我想，爸爸对女儿是喜爱和赞赏的，但他在生活的另一个领域的愤怒胜过了向女儿展示这一点。现在，珍妮特更喜欢和妈妈在一起，也很难在心里找到自己对疏远她的爸爸的喜爱之情。当托尼不再向珍妮特表达喜爱和赞赏时，他怎么能指望珍妮特会喜爱和赞赏他呢？

因此，我相信，作为父母，你们职责的一个重要部分是提供一种允许"点赞"的氛围。为了做到这一点，你们必须愿意了解和接受对方，并以开放的态度对待彼此的观点。你需要向孩子展示自己最好的一面——不武断、开放、包容。

在戈特曼博士的研究中还有另一个发现，我认为这也与婚姻的寿命息息相关。戈特曼发现，夫妻之间积极互动和消极互动的比例是 5∶1，而积极互动更有助于婚姻关系的长寿。也就是说，夫妻之间积极互动的比例越高，彼此就越有可能继续在一起。我认为这一发现很可能也适用于亲子关系。我在其他地方也指出过，我看到很多亲子关系完全被消极的互动主导，"情感账户"处于欠费状态。在某些地方，我甚至无法追踪到任何积极的交流。没有！这是父母想要的与青春期孩子的关系吗？这不仅会导致一种痛苦的状态，甚至可能非常有害，尤其是对青少年来说。

所以，我强烈建议大家记住戈特曼博士发现的积极互动与消极互动的比例。在你们的关系中，没有必要百分之百积极互动，这也不现实、不可能。但你必须确保良性平衡，确保天平向积极互动的方向倾斜。这不仅有利于彼此信任和交流，也为更好地享受彼此的关系创造了条件。请不要低估这一重要性。我建议父母们注意这个比例，其中的良性平衡至关重要。

下面我们来看看如何通过真诚的喜爱和赞赏增进亲子关系。

每日冥想

> 孩子会敏锐地捕捉到你的能量。每天花点儿时间想象孩子身上的光芒。不管你们的关系如何,或者周围的世界发生了什么事情,想象孩子身上的光芒,想象他们是健全的、完整的、快乐的。每天都以这种方式无条件地陪伴他们,你会惊讶于自己的有效陪伴思维吸引来的善意回应。

找到强项所在的角落

我说了很多关于有效陪伴是如何基于孩子的优势施展的,而不是基于其缺陷。但是,作为父母,我们应该如何识别孩子的优势呢?这并不是那么明显且容易识别,可能需要你深入挖掘对孩子的喜爱和赞赏之情。

在你和孩子交流时,孩子可能会试图让你感到震惊。我接触过很多青少年,他们通过严厉的语言、吸毒或公开谈论性引起父母的注意。当这种情况发生时,很有可能是孩子在考验你。这种情况下不要上他们的当。当他们说，"嗯，我只是想喝个烂醉"，或者发生性行为，或者吸烟。不管他们犯了什么错，你都不要生气，也不要理睬他们。

孩子可能希望你评判他们的言行，因为别人会这么做。但是，我的建议是不要妄加评判。我鼓励你和孩子谈一谈，仔细、坦率地倾听，这样你就会发现关于他们是谁、他们有什么想法以及他们的优势在哪里的宝贵信息。

我的心疗对象罗斯用这种方式测试了他的父母。作为一位知名的涂鸦者，罗斯经常威胁说要在父母的朋友家里涂鸦。他对愤怒的爸爸说，他会一直涂鸦下去，直到被捕并被关进"少管所"。罗斯非常善于激怒父母。罗斯的父母告诉我，罗斯差点儿把他们吓死了。恰好，我得以见证这个家庭中亲子关系的状态。在我和罗斯的一对一交谈中，我选择忽略他的恐吓战术。我决定不去评判他，只听他说。所以，我问了他关于涂鸦的事，他是怎么做的，他是和谁一起做的，他是如何确保自己不被抓住的。我必须承认，他的故事很吸引人。说实话，我发现自己通过罗斯的故事间接实现了对不法行为的幻想。

有一次，罗斯从背包里拿出一本相册，给我看他的一些作品。他告诉我，我应该感到荣幸，因为从来没有哪个成年人看过他的"艺术"。我得告诉你，这些作品让我大吃一惊。这些作品非常华丽、令人震惊,我被打动了。罗斯似乎很高兴,但他更惊讶。他以为我会对他说教一番,以为我会抗拒他的作品。他告诉我,他推迟了几个月才给我看他的作品,因为他觉得我会叫人逮捕他。事实上,我告诉他,我被他非凡的才华折服,我非常理解他为什么想展示自己的作品。

罗斯向我透露,随着时间的推移,他和父母一样害怕被抓住,但他不想向他们承认这一点,因为他们肯定会告诉他不要再涂鸦了。我最后鼓励罗斯把作品拿给父母看。和我一样,罗斯的父母被深深打动了,他们根本不知道家里竟然藏着这样一位崭露头角的艺术家。他们足够开放,愿意把他的艺术才华视为他最大的优势。然后,我们开始思考罗斯如何在不被逮捕的情况下,以艺术的方式表达自己。他开始在允许涂鸦的墙上涂鸦,并把一些作品放在了画布上。罗斯的同学和同事委托他粉刷卧室和宿舍的墙壁。他正在考虑去读艺术学校,以后想教高中生学习艺术。

从那以后,罗斯和他的父母变得更亲密了。罗斯父母的做法成果显著,他们发现了与儿子交流和沟通的新感觉。多么鼓舞人心的故事啊!

现在我还不知道,如果没有一个相对客观的专业人士介入,罗斯和他的家人是否能建立起如此良性的亲密关系。但我知道,通过坦诚的交流,不自负、不恐惧,以及完全的有效陪伴方式,你也可以帮助你的孩子发现自己的长处。就像罗斯的例子一样,最大的优势往往是在最不可能的地方被发现。

支持孩子的兴趣

"他是一个真正的无名小卒,坐在他的无名之地,为任何人制订他的无名计划。"

——列侬和麦卡特尼

在我的工作中,我听到许多父母由于孩子对任何事情都没有热情而感到沮丧。关于这一现象,我有两个想法要分享。我的第一个想法是,期望青少年立即搞清楚自己一生热爱的事业是什么并不合理,也不现实。基于他们的发育阶段,我希望青少年能够开始寻找自己的热情所在。不过,请记住,青春期是身份形成期,孩子正在自己摸索。

如果你需要孩子过早地决定自己是谁,也许他们貌似在严格执行,但可能会过早地做出选择,以取悦和安抚你,满足你的需求。与此同时,他们的实际发展可能会受阻。我强烈建议你应该允许孩子自由地完成这个过程。也就是说,有些孩子确实很早就发现了自己的兴趣和天赋。我鼓励你支持孩子的这些努力,认识到他们将要发展和改变的可能性。

我的第二个想法直接来自我的临床经验。几年前,我接触了一个16岁的男孩马克斯,他声称自己没有任何兴趣,他的行为也完全支持了他的断言。马克斯会躺在屋子里,有时看电视,有时玩电子游戏,有时不玩。我记得在心理治疗过程中,我一直在寻找他的能量方向,但几个月过去了,我发现他对什么都毫无热情。马克斯对体育、科学、女孩、金钱、游戏、电话和滑板都不感兴趣。我列出的选项一直在增加,但马克斯确实对什么都不感兴趣。我们真的无能为力了。

有一次,我们像往常一样开始了治疗。首先,我提问题,"钓"他的胃口,寻找任何可以谈论的话题。我好像问了马克斯一百次他的音乐品味。他强调说他不喜欢音乐,如果我没记错,他尤其不喜欢魔力红乐队和苏格·雷乐队。

"他们现在炮制的这些乐队都没有个性。他们不用心演奏,歌词太弱,太令人尴尬了。"

"是的,马克斯,如果在矮子里面挑将军,哪个乐队更好呢?"

"很长一段时间以来,没有乐队表现得很好。如果非要选一支乐队,就是齐柏林飞艇乐队。他们就像是最后一支优秀的乐队。"

这一疗程有收获!

这是小家伙给我展示的第一个兴趣元素，引发了我们对经典摇滚乐队的持续讨论。我订阅了《滚石》杂志，购买了一架芬达吉他，还掌握了齐柏林飞艇乐队闻名于世的"舔音"。

就这样，这个没有兴趣的男孩，这个无处可去的人，开始忙碌起来。

关键是，我认为所有青少年都有一些兴趣，一些潜在的激情。这些兴趣和激情可能需要通过一个承认和倾听的过程来发现。孩子可能害怕大声说出自己的兴趣，因为他们担心这些兴趣听起来很愚蠢，或者他们认为自己可能缺乏足够的智慧、雄心或勇气坚持这些兴趣。但是，所有青少年都有自己的兴趣。

要对什么都不感兴趣的孩子保持好奇心，我相信，就像马克斯一样，随着时间的推移，他们激情的轮廓将会浮现。当轮廓的阴影进入焦点区域后，你要准备好让孩子发展、进步、洗新革面。

与青少年对话

我们的工作令人焦虑。对青少年的父母来说，保持耐心并非易事。相反，我们感受到一种独特的紧迫感。我们已经没有太多时间了。我们的影响力"窗口"正在关闭，时间似乎在加速，而风险正在升级。我们需要迅速行动，时刻关注自己的观点，时间越来越紧迫。这感觉就像我们刚上高中就开始收拾行李准备上大学。

问题是，我们越着急，就越倾向于说教，导致我们的教育越无效。我们只是不停地说，不停地咕哝，不停地唠叨，不顾一切地表达自己的观点，希望孩子能坚持下去。

对于严重焦虑的父母，有时我唯一且直接的建议是只说25%自己想说的话。剩下的话通常都是多余的废话。

耐心至关重要，现在比以往任何时候都重要。我鼓励你相信与孩子关系的核心本质是好的。少说。多听。

少说。多听。你和孩子之间互动的步伐就会放慢，你对孩子的影响力就会充分释放出来。

呼吸吧。你有你需要的所有时间。

培养自控能力

有效陪伴总是很有效，因为它旨在培养孩子的能力。自尊来源于这种能力。我最近读到一个建议：我们应该放弃"自尊"这个词，转而使用"自控"。我们的想法是，在过去的几年里，我们一直在向孩子强调他们有多优秀，而不管他们是否真的做了值得表扬的事情。我同意，无论是自尊还是自控，虚假的赞美没有任何意义，只是一种不真实的自我意识。在你的世界里掌握一些东西，你就会自我感觉良好。培养孩子的这种掌控能力，他们就会感觉到自己更好。我真的不在乎你怎么称呼这种能力。

不久前，我从15岁的心疗对象道格和他的家人那里学到了很多关于自尊和自尊缺失的东西。在家庭会议上，道格总是会向父母承诺一些自己不会遵守的承诺，事实上他从来不想遵守任何承诺，甚至没有能力信守诺言。回想起来，我在这家人身上浪费了无数时间，却自欺欺人地认为自己在撮合重要的家庭互动。这些互动从一开始就注定会失败。从一开始起，道格就不相信自己。然而，他愿意接受任何能推迟被惩罚的事情，以及任何能让自己尽可能高效地坐在笔记本电脑或Xbox游戏机前玩《光晕3》的事情。就像他的父母一样，我对道格感到沮丧，从来没有意识到他在当时没有能力真正承诺去做任何事情。

最后，我意识到道格对我的行为干预没有反应。我们开始了一次更深入的讨论，旨在帮助道格、他的父母和我更好地了解他的心态。很明显，道格对自己的评价很低。我把注意力转向道格的强项。起初，这份"道格的强项清单"只有寥寥几条。他对朋友很好，而且非常擅长玩《光晕》游戏，每晚都要花好几个小时玩这款网游。根据我的直觉，我问道格为什么愿意在《光晕》游戏中投入这么多时间。刚开始他说自己确实很喜欢这款网游。但我很快发现，道格对一起玩这款游戏的战友非常忠诚。我们意识到，他没有做家庭作业是因为他的时间都用来玩游戏了，他不但能通过玩游戏赚钱，还可以帮助一起玩游戏的战友渡过难关。

最终，道格在当地一家杂货店找到了一份工作。他努力工作且非常忠诚，很快就成为一名非常受重视的员工。高中毕业后，道格选择继续做这份工作，他现在成了部门经理，而且为自己的工作感到自豪。我已经很多年没有和道格及其家人联系了，当我最后一次听到他的消息时，他已经回到学校去攻读管理学学士学位了。休息的时候，他会回到店里工作。据我所知，他从未误过班。

自尊有时会以奇怪的方式出现。走这条路并不是道格的父母对道格的期望，但他们确实意识到，在我们采取心理治疗的这段时间里，道格的自我价值感有了显著提高，随着时间的推移，道格的父母也变得非常支持他。看到他开心，看到他自我感觉良好，他的父母都很高兴。

我非常相信"二次机遇"，这是可以扭转局面的机会。如果困扰你家孩子的是缺乏自尊、自控或自我价值感，你有机会消除这种伤害。给孩子提供一种氛围，支持他发挥自己的能力，让他走出去，以自己的方式成功地接纳这个世界，就像道格一样。

现在，请记住，父母很难捉摸孩子的自尊心理。我研究的这个领域的许多人认为，我们对自尊这个概念的认识在一生中不会发生太大变化。但在接触青少年后，很抱歉，我不敢苟同。青少年的自尊是一种难以置信、变化无常的东西，它可以随着时间的推移而变化。朋友的轻视，成绩的下滑，父母的说教，所有这些都会伤害孩子的自尊。

保罗·图赫（Paul Tough）在他出色的新书《孩子如何成功》（How Children Succeed）中指出，不管环境如何，自我调节能力与有效监控和管理自己情绪的能力，也许是实现成功的最重要因素。想象一个孩子，或者一个成年人，你很了解他，他也能自我调节。他在压力下沉着冷静，善于解决问题，也很成功，总体来说，他很快乐。他的人际关系可能相当顺畅，而且可能也有很强的自尊心。鼓励青少年自我调节，可以很好地帮助他们保持自我意识一致，这是韧性的基石，无论是现在还是未来，都会使他们更快乐和更成功。

你可能会想，作为父母，我们可以做些什么来培养青少年的自我调节意识呢？答案简单明了，支持他们，让他们知道你相信他们，但不要妨碍他们。现在的父母对孩子的生活介入得太深了。我们的孩子掉进了自己挖的坑，我们又把他们捞了出来。我们在网上查看他们的成绩。我们一直与老师和教练保持联系。我们有时甚至试图插手他们的社交生活。很多时候，我们在替他们扛事儿。

但我们这样做对他们没有任何好处。

我们的育儿风格转瞬即变,我们的育儿心态焦虑不安,这样会剥夺孩子自我调节的机会。当父母坐在孩子人生这辆车的驾驶座上时,他们怎么能学会自我认知呢?由于我们恐惧和焦虑,我们在孩子最需要机会的时候,在风险合理的时候,把机会从他们手中夺走了。请靠边站,让孩子自己做主,你只需随时提供指导和咨询,任由机会自动出现在孩子的生命里。

事情可能不会、不能也不应该完美地进行。我们的孩子会通过不断尝试、犯错、试错和改正来学习。相信你会把孩子培养得比孩子认为的更坚强、更有韧性。他们会带给你惊喜,并以一种好的方式呈现给你。

当然,作为父母,我们可以采用另一种方法教孩子自我调节。我们可以先进行自我调节。如果你对逆境有一触即发的反应,如果你公然提出批评,如果你公开表达同情,就可以进行自我调节了。正如保罗·图赫在他的书中指出的那样,你不可能通过阅读一本书就学会自我调节。这不像在教室或讲堂里听几小时的课。自我调节是一种有意识的选择。你需要意识到,就在此刻,立即进行自我调节。没有任何一种自我调节的教学方法能比榜样的力量更有效。

如何教养"怪孩子"

几年前,一个16岁男孩的爸爸要求与我会面。这很耐人寻味,因为他事先没有告诉我太多他关心的问题,而且也不像其他大多数父母那样带着孩子一起来,他想独自参加心理治疗。我已经有了针对青少年、父母的数百次心疗经验,而且处理过非常紧迫的问题,如抑郁、焦虑、自伤或成绩严重下滑。当我问这位爸爸出了什么问题时,他很简单地说:"嗯,这孩子越来越奇怪了。"

呃……

于是,我问他"奇怪"是什么意思。他说他的儿子染了一头蓝色的头发,"不是全部,只有一点点",穿着"吊得太低的滑稽裤子",还说他听恐怖的音乐,而且再也不想钓鱼了。我像往常一样问了一连串问题,这位爸爸说他的儿子是个好孩子、好学生,还是个靠谱的新手司机。根据这位爸爸的描述,他儿子的"怪异"行为不符合精神障碍的标准,没有焦虑、抑郁或多动症。事实上,爸爸说儿子的身体机能也没有任何问题。

我正要送他走,他问:"等等,医生。对于这种奇怪的事情,我们能做些什么呢?"

"嗯,实际上什么也不用做。"

事实证明，这位爸爸在与儿子相处时遇到了新问题，儿子正在努力实现个性化，并为自己建立一个脱离父母管教的新身份。这是他"怪异"行为的一部分。而让这位爸爸最难过的是，他和十几岁儿子之间的距离越来越远，尤其是儿子周末不想再去钓鱼这件事让爸爸认为，这是要出问题的征兆，而事实上这更像是青春期的征兆。我建议他带着好奇而不是评判的眼光去接近儿子，让他问儿子为什么要染发，为什么要选择蓝色。他一定会得到一个有趣的答案。就算很怪异又怎样？这仅仅意味着他的儿子与大多数青少年做的事情不同。也许这位爸爸给儿子灌输了一种足够强大的自我意识，使儿子有信心以一种独特的方式表达自己。考虑到这位爸爸描述的这些变化都不会导致危险，我建议他最好接受而不是拒绝儿子及其生活中的变化。我鼓励这位爸爸把这些变化作为建立对话和无条件支持的催化剂。

归根结底，有时候青少年只是选择表现得怪异。我们中的许多人在青少年时期不都是以自己的方式选择了表现怪异吗？在我看来，还有比这更糟糕的事情呢。怪异至少是有趣、独特的。然而，对许多父母来说，接受这种怪异的行为并不容易。当然，父母需要经过一个过程，才能接受他们未来的"小银行家"选择戴鼻环或者涂抹黑色指甲油。

不久前，一位非常活泼、学院风十足的妈妈带着非常缺乏安全感的女儿玛德琳来找我。这位茫然而沮丧的妈妈形容女儿的打扮是"街头小阿飞"。妈妈还有其他描述，包括"恶心"和"无家可归"。我和这位妈妈谈了几次才让她相信，我们有比着装要求更重要的事情要为她女儿操心，所以她选择接受玛德琳的裙子。妈妈不得不放弃想要一个跟自己品味完全相同的女儿的梦想，她希望女儿能像舞会皇后一样高雅，她可以打扮女儿，带女儿出去，并为女儿感到骄傲。

最后，我为这位妈妈感到骄傲，因为她不需要女儿通过穿衣风格衬托她。她选择接受这是玛德琳的一部分。现在，玛德琳的一个主要问题是，她觉得无论是在家里还是在学校，都和同龄人格格不入。在一次治疗中，玛德琳告诉她的妈妈和我，她觉得好像每个人都觉得她很怪异。

随后，这位妈妈打破了略显尴尬的沉默，她灵光一闪地说："好呀，亲爱的，怪孩子是超赞的。恭喜你，超赞的怪孩子。"

我倒吸了一口气，开始考虑"控制伤害"的母爱智慧。

"怪孩子是超赞的。看看我，这附近有很多人穿着、长相、说话都和我一样。做一些与众不同的事情需要勇气，而你有这样的勇气。"

在接下来的几个月里，玛德琳偶尔会穿妈妈为她做的那件"怪孩子是超赞的"T恤参加开学季的活动。在这个过程中，妈妈也从平凡变成了非凡。干得好，妈妈！

转向你的孩子

一些父母告诉我,虽然他们爱他们的孩子,但很多时候,他们无法忍受孩子的行为。有一个十几岁的男孩曾经告诉我,他的妈妈生气时会拒绝他的拥抱。你听到了吗?这个15岁的男孩想拥抱妈妈,妈妈却转过身去!

你面临的挑战是:下次觉得自己在身体上和情感上都拒绝孩子,由于受伤、生气、失望而与孩子断绝联系时,请抵制这种冲动,转向孩子。在那一刻,吸一口气,向孩子敞开你的思想、能量和精神,感受你内心发生的变化。你对孩子有不同的感觉了吗?

你会发现,只要自己做个简单的转变,敞开心扉去接纳孩子,就可以对当下你们的关系产生巨大的积极影响。

有效陪伴7：改变自己

"我的爸爸，是任何人都想要的爸爸。"

——萨莎（13岁）

榜样的力量

也许你能给孩子的最好的礼物就是通过你的价值观、所做的工作以及对待他人的方式激励他们。孩子在看着你，即使你认为他们没有在看。我发现，实际上青少年比父母认为的更看重父母的判断和价值观。

你可能会认为我疯了，因为我认为孩子在乎你的想法，或者试图以任何方式获得你的青睐。"他每天尽其所能惹我生气！"我知道看起来是这样，我懂的。但我重复一遍，孩子希望你喜欢他们、认可他们、欣赏他们。尽管从孩提时代起，世界发生了很大的变化，但这一点一直没有变。停下来思考一下你和你父母的关系吧。我觉得我可以很有把握地说，即使在现在，你在做决定时通常也会考虑你父母的观点。他们会批准吗？他们会喜欢吗？他们会生我的气吗？这并不是一件坏事。我们也希望我们的孩子在做决定时考虑我们可能会怎么想。这是良好决策的一部分。

也就是说，我知道你对你的孩子很有影响力，你可以激励他们。孩子在看着你，他们在乎你，只是可能忘了告诉你。

那么，你的使命就是自己过一种卓越的生活。如果你发现自己沉浸在工作中，整晚看电视，不守诚信，或者不照顾自己的身体，孩子也会学习这些习惯，要知道他们正在观察和注意你。我曾让十几岁的孩子向我透露他们父母的生活细节，如果父母听说孩子注意到自己的这些细节，或者关心这些细节，他们会感到震惊。孩子会注意到你什么时候喝了酒、什么时候喝多了、是否酒后驾车了。当你通过电话对朋友说善意的谎言或闲聊时，孩子已经听进去了。当你在背后议论别人时，孩子会注意到，并当面区别对待他们。孩子会注意到你对生活的抱怨，但却无法做出改变。他们会注意到你对自己的身体、工作和生活的每一个自嘲式点评。当你半途而废时，他们会注意到。相信我，他们会注意到的。

所以，为了你和孩子着想，要找到并活出自己的激情，照顾好自己，激励自己成长和自我完善，这一点很重要。记住，你是孩子的榜样!

这里需要注意的是：孩子不会像你一样受到启发。他们需要听到自己的声音，而不是你的声音。如前所述，孩子可能会在一些活动或兴趣中找到灵感，而这些根本不是你为他们选择的。你必须注意到这是你的问题，而不是他们的问题。支持孩子想要的，跟随他们的愿望，你会发现他们会变成更快乐、更充实的少年。

最近我和一个叫加里的高中生聊天，他给我提供了一个父母激励孩子的好例子。这是我最喜欢的故事之一。他告诉我，尽管他的父母有全职工作，却总是参与各种各样的慈善工作。妈妈会在晚上到一个妇女收容所做志愿者，而爸爸在两个不同的慈善组织中担任董事。拿此事开玩笑成了他们家家庭文化的一部分。当父母计划另一个筹款活动，加入另一个董事会，或者投身于当时一些新的社会事业时，加里和他的兄弟姐妹都会翻白眼。

在一次治疗中，加里描述了一个相当艰难的决定，他已经纠结了好几个星期。他为如何度过高中最后一年的春假而纠结。他可以和几个朋友飞往墨西哥，白天在美丽的海滩上晒日光浴、游泳，晚上追女孩、偷偷喝几瓶啤酒。这听起来不错呀，加里。有什么问题吗？他的另一个选择是前往新奥尔良，在卡特里娜飓风过后协助志愿者清理和建造房屋。

你可能猜到了，这个孩子选择了后者。回顾这次旅行，加里告诉我，当他和新朋友一起拆除墙壁时，他感到了同志情谊；当他在自己工作的一个家庭里看到一只狗腐烂的尸体时，他的胃难受得翻江倒海。他告诉我，他和同事们经常一起熬夜到很晚，他们一起笑，也一起哭。加里真的很同情新奥尔良的人们，他似乎很渴望夏天时再回到那里帮助更多的人。

我问加里为什么会做这样的选择，毕竟在墨西哥的假期听起来确实令人难忘——干净而放松。他说自己觉得这样做是对的，如果他错过了帮助他人的机会，他会很后悔。谈话结束时，加里粗略地把自己的慈善工作和父母的慈善工作联系起来。他只是说："我的父母也帮了我很多忙。我猜这是血缘或世代相传的东西吧。"显然，加里受到了父母行为的启发，毫无疑问，他将继续为世界做出重大贡献。

我在这里注意到一个明确无误的模式：当你选择满足于自己生命中不平凡的东西时，孩子很可能也会这样做。

在我们忙碌、超负荷的生活中，我们经常忘记回报他人。然而，我最近调查的许多父母都告诉我，他们最希望自己的孩子成为好人。要培养孩子的同理心，给他们提供一个了解周围世界的环境，让他们了解自己的恐惧和担忧。还有什么比直接参与其中更好的办法呢？

你是孩子的榜样吗

就像在创作本书的过程中经常发生的那样，我最近从一个心疗对象那里得到了一点儿宝贵的智慧和洞见。作为两个十几岁孩子的妈妈，她指出了在孩子青少年时期给他们树立榜样的重要性。她和她的丈夫齐心协力，为他们的孩子践行他们想要的价值观而努力。他们自称以前是电视迷，现在定期锻炼，自愿献出一些空闲时间，并成为"贪婪"的读者。她指出，自从他们有了孩子，他们就放弃了一些他们曾经珍惜和享受的活动。值得称赞的是，他们认为，如果他们整天围坐在那里看真人秀，却期待孩子们去承担这个世界的重任，那就太虚伪了。事实证明，榜样的力量不可估量。父母在世界上更积极地分享自己的天赋，他们的孩子也会被激励去做同样的事情。

我想，我们中的许多人可能认为，当我们的孩子还年幼时，我们就不再需要做榜样了。我发现这绝对不是真的。我们的孩子能充分意识到我们选择的生活方式。他们会看到自己梦想实现的可能性，因为他们每天都在见证我们把自己的激情变成现实。而且作为父母，我们为自己和自己的梦想努力，可以阻止我们代替孩子感受生活，避免我们迫使孩子满足我们未满足的需求，这一点也不是偶然的。把孩子从你的梦想中解放出来，让他们找到自己的梦想吧。

有效陪伴8：拒绝无效陪伴，父母担纲顾问

"我想让他们认真对待我。他们不让我犯错！束缚的枷锁太紧了。他们保护我，不让我做决定。我知道这样不好，对吧？"

——梅森（18岁）

我们已经谈了很多关于如何良性发展你和孩子的关系、如何了解孩子，以及如何与孩子共度美好时光的话题。这对于孩子成长为健康快乐的成年人非常重要。然而，你可能会想，在磨炼这种特殊新型关系的同时，怎么能找到时间过自己的生活。"如果我总是和我的青春期孩子在一起，我怎么能有自己的生活呢？"问得好。嗯，我向你保证，你可以运用本书中的每一个原则，但在大部分时间里你和孩子还是会分开，这是你应该做到的。记住，我们希望培养健康、独立的人。

在孩子的青少年时期，你会有很多次必须决定是否介入他们的

情感生活或决策过程的机会。有效陪伴的关键之一是知道什么时候该退出，让孩子自己做决定。在绝大多数不涉及健康和安全问题的情况下，我建议你撤出孩子的世界：我今晚是学习几何还是去看篮球比赛？由于看到她和那个男人说话，我应该和她分手吗？我要不要参加星期五晚上的聚会呢？我应该和这帮家伙一起上车吗？青少年需要自己做一些艰难的决定。如果我们总是在那里，总是提供建议，就剥夺了孩子选择的机会，剥夺了他们从错误中学习或享受个人胜利的机会，剥夺了他们认识到自己可以在境况不太理想时生存的机会。

在这里，我们需要再次考虑自己作为父母的行动是在满足谁的需求。我们这样做是为了孩子的最佳利益，还是为了努力减轻自己作为父母的焦虑？当你确定在特定情况下不涉及安全问题时，我鼓励你选择前者。我建议你在不那么危险的情况下少做决策，多做顾问。你可以对孩子的一个决定给出意见，帮助他们重新表述自己的立场，确定在现实世界会导致哪些后果，并允许他们最终做出决定。

关于父母作为顾问的效用，我最喜欢的一个涉及霸凌现象的例子很能说明问题。自从十多年前科伦拜恩高中枪击案以来，十几岁男孩之间的霸凌问题一直是媒体关注的焦点。包括我在内的许多同行都举办了讲座、演讲和研讨会，讨论学校如何以最好的方式处理这一问题，防止未来出现校园暴力。从那时起，随着社交媒体的急剧增加，青少年男女之间一种令人不安的新型霸凌（网络霸凌）开始抬头，有时甚至会带来毁灭性的后果。

就像青少年生活中的许多问题一样，解决霸凌问题也没有绝对正确或错误的答案，我敢打赌，你会惊讶于孩子在被问及这个问题时表现出的智慧。一位妈妈在这件事上担纲了女儿的顾问，她说女儿辛西娅在高中部的走廊里遇到了一群女恶霸，当时小女孩就给自己列出了以下几个选项：

A. 躲开她们。
B. 瞪她们一眼，然后走开。
C. 甩一句："有问题吗？"
D. 让她们坐下来谈谈她们之间的问题。

在妈妈的劝说下，辛西娅决定在那些恶霸走近时试着微笑，并说："嗨，美女们！最近可好？"然后微笑着走开。辛西娅决定不管恶霸们的行为如何，她都会做出这样的反应。这个案例中的妈妈对我说，这个方法非常有效，霸凌现象显著减少。妈妈还透露，如果自己是决策者，会选择D项"让她们坐下来谈谈她们之间的问题"，她现在认为，这可能不会像辛西娅选择的选项那样有效。

现在，辛西娅不仅阻止了那些欺负她的人扰乱她的生活，而且对处理这类难题的信心也增强了。妈妈仍然是辛西娅的顾问，总是让她做最后的决定，这使一切都变得不同。如果这个女孩在未来遇到霸凌，我敢打赌，她会有一些很好的办法让对方闭嘴和住手。我鼓励你和孩子谈谈霸凌问题。如果你在这些讨论中发现自己的儿子或女儿是霸凌的受害者，请扮演顾问的角色，指导他们在处理这类问题的过程中自己做决策，就像辛西娅的妈妈一样。

记住，你不是在养育男孩和女孩，而是在养育男人和女人、丈夫和妻子、爸爸和妈妈。你希望孩子善待他人，希望孩子重视和关心自己的家庭，也希望他们是有爱和懂得照顾人的配偶，还希望他们有一天能成为高情商的有效父母。把这些优点都传授给孩子吧！让他们自由地体验这个世界，犯他们的错误，享受他们的胜利。

被震撼到了

如果你想以全新的眼光看待孩子，试试这个小练习。下次当你在生活中遇到重大困境时，无论这种困境与工作有关，还是基于人际关系，还是其他方面的，让孩子去解决吧。征求孩子的意见。在同样的情况下，他们会怎么做？

有以下几件事情可能会发生。首先，孩子会因你重视他们的观点而感到被尊重。其次，你让他们解决你的问题，这与他们自身的行为无关，也与他们做错了什么无关！另外，你将找到另一种与他们沟通的方法。最后，如果你找到了一个自己从未想过的解决方案，我一点儿也不会感到惊讶。

准备好看到孩子最好的一面。这可能令你震惊。

我敢打赌，你一定会为自己听到的而震撼。

有效陪伴效果佳

"不要因为我说自己不在乎你怎么想,就以为我真的不在乎你怎么想。"

——杰米(15岁)

在我对青少年的治疗中,主题通常是孩子们罗列出一大堆父母做错的事情,这些事情让孩子们失去兴趣,把父母拒之千里。想象一下,当一个年轻人告诉我,他和父母在一起很"幸福",并希望有一天能成为像他们那样的父母时,我是多么惊讶。我终于有机会问一个十几岁的孩子,他的父母做对了什么!

他说,父母对他很友好。他们只是和他聊天,问他的生活,因为他们想了解他。与他朋友的父母不同,他的父母很真诚,信任他而不是指责他。他告诉我,父母想让他做得更好,以赢得他们的信任。他在学校表现得很好。他在体育和学习上都很努力。他为自己的学习感到骄傲，很享受父母也为他骄傲的感觉。

为了对比，他又给我讲了他一个朋友的故事。他形容说他朋友的父母专制、易怒、刻薄、不信任他人。他的朋友是个烟民，经常在晚上外出，偷偷溜进车库吸烟，结束后换上一件干净的衬衫，吃一块薄荷糖，然后进屋。他吐露说，朋友"偏执地"担心他的父母会发现他吸烟，接着他会"被禁足多年"。

这个年轻人接着向我讲述说："这太愚蠢了。这些父母认为自己培养出了一个对他们唯命是从的天使。其实他们的做法只是把他吓得屁滚尿流而已，所以我朋友才会做出这种疯狂的事。他不是天使。这只是我朋友要展示给他父母的假象。他在隐藏。然而，他的父母不知道实际情况，毫不知情！"

我问他是如何与自己的父母处理吸烟问题的。他强调说："哦，我不吸烟。我永远不会这么做。我的姑姑死于肺癌，我永远不会让我的父母经历这样的事情。"

哦。那么，其他药物呢？

"绝对没有。如果我嗑药，就会辜负他们的信任。这对所有人来说都很糟糕。不值得。"

我对天发誓，这些话出自一个仅仅 17 岁的男孩之口。

这位公开表示喜欢父母的年轻人建议你和孩子做朋友，让他们喜欢你，不要由于恐惧而赶走他们。他接着表示，如果父母更专横,建立亲子关系可能会更有成效,但这样你们就不能真正喜欢彼此了。他最后告诉我,他宁愿同情父母,也不愿蔑视父母。这就是实际可行的有效陪伴方式。

你会发现,为人父母的终极目标是学会放手,并相信你已经为孩子提供了他们驾驭这个世界所需的能力。《芝加哥论坛报》(Chicago Tribune)专栏作家埃里克·佐恩(Eric Zorn)为他16岁的儿子写了一篇关于"监督驾驶型"育儿方式的文章:

"即使你深度体验'监督驾驶型'育儿方式,你也始终知道自己的目标是让监督变得多余,独立的时刻会在你们任何一方真正准备好之前到来。"

是的,为人父母,苦乐参半。然而,有效陪伴方式的一个关键组成部分是认识到这个时刻在什么时候到来,以及孩子什么时候准备好开车去闯世界。这是发生在孩子进入青春期后的许多小步骤和小阶段之一。父母要敏锐地意识到什么时候该"退居二线"。

现在,我不想低估伴随这些变化而来的失落感。作为父母,重要的是我们要允许自己经历这种失去,同时也要为孩子进入人生的不同阶段而感到高兴。如果我们仍然沉浸在"我们的孩子不再是我们的孩子"的悲伤中,就会错过孩子成熟和成长的美好阶段,错过与孩子共度时光的胜利果实。这不是说我们不再在孩子的人生中扮演一些角色,而是说我们必须转换角色。我们希望继续在那里,随时待命，看着与孩子的关系在成熟、深刻、智慧和幽默的氛围中蓬勃发展。

有效陪伴可以不完美

很多人都是完美主义者。我们抓住一个概念深入研究，并试图将其完整地体现出来。当我和更多的家长谈论有效陪伴时，我总是很高兴他们能理解。我喜欢听众点头，因为我们都能理解这个概念。我们只需被提醒一下，正因为如此，我建议你把本书放在身边。恐惧、武断和自负都很狡猾，它们可以悄无声息地回到你的生活中。

不过，有时候我也会和一些过于急切的父母交谈，他们决定一直保持有效陪伴的完美状态。我总是提醒他们，在这里我也要提醒你，有效陪伴的优美之处就在于它的不完美。我从来都不期望任何人，包括我自己，能一直保持有效陪伴的完美状态。考虑到人性，这是一个不合理的期望，完美主义思想的僵化与有效陪伴的灵活是对立的。

我们想要取得进展，转移我们的能量，更多地活在当下，更好地集中注意力。我们需要提醒自己每天都要做到有效陪伴，也许一天之内提醒自己好几次。没关系。这是让你的育儿变得有效的正确方式。

相信我,随着时间的推移,事情会变得越来越简单。有效陪伴是一个积极的反馈循环。我们的有效陪伴越多,我们与孩子的关系就越令人满意,他们就会感到更有力量,我们也会感到亲子关系更加紧密。

我们倾向于让育儿更有效。你会明白的,因为这样会感觉更好。你会感觉得心应手。

结语

寄希望于广大读者

我希望你现在就觉得，作为一个十几岁孩子的父母，你的职责更加明确了。你现在有了一张有效陪伴的蓝图，知道自己能做些事情培养孩子的能力和自尊。你知道如何加强自己与孩子间的关系，这样就能抵御孩子在青春期可能遇到的任何风暴。最重要的是，你现在可以带着敬畏和惊奇的心情去感受你那不可思议的孩子，你那了不起的少年。

我最喜欢杰出心理学家弗吉尼亚·萨提亚（Virginia Satir）说过的一句话："只有在个体差异被欣赏、爱被公开展示、错误被用来学习、沟通很开放、规则很灵活、责任就是树立榜样、诚实地付诸实践的氛围中，价值感才能蓬勃发展。"

这看起来很简单，不是吗？萨提亚博士的话强调了欣赏、沟通、学习、树立榜样等元素对价值感的意义，其实这些都是有效陪伴的表现。

我们将其运用到育儿工作中,得出的结论是:父母的有效陪伴可以让孩子感觉自己有能力、有价值。

  我对你的祝愿是:在孩子十几岁的时候,和他们建立一种温暖、有爱、令人愉悦、妙趣横生的关系。我希望你们一起面对的挑战很少,却收获颇丰。我希望你能体验到无条件的爱和接纳爱带来的快乐,即使是在最黑暗的时候也无妨。我希望你花在管教和冲突上的时间湮没在了家人的谈笑风生中。我希望你每天花点儿时间感激孩子出现在你的生命中,并用惊奇的眼光看待他们。

  拥抱快乐。放下恐惧。

  做一个有效陪伴的家长。

作者小传

约翰·达菲博士是一位广受欢迎的临床心理学家、经认证的生活教练和育儿专家,还是一位令人自豪的家长。他作为一位亲子关系心理咨询治疗师,15年来一直坚持向青少年及其家庭提供关键的干预和支持,已经帮助数百个家庭找到了有效陪伴模式。

约翰非常自豪能够成为美国全国广播公司(NBC)新一季的《史蒂夫·哈维秀》(Steve Harvey Show)和一档晨间访谈类脱口秀节目 *The Morning Blend*1(《晨间混合汇》)的常驻育儿及人际关系专家。他参加的摄制组包括美国全国公共广播电台(NPR)、WKRP栏目组、全国知名的《爸爸先生》(Mr. Dad)和《晃头爸爸》(Bobblehead Dad)节目组等等。他还为多家纸媒和网络媒体撰稿,其中包括《赫芬顿邮报》(*Huffington Post*)、《好管家》杂志(*Good Housekeeping*)、《红皮书》(*Redbook*)、《时尚》杂志(*Cosmopolitan*)、《少女时尚》杂志(*Teen Vogue*)、美国在线(American Online)、精神分析治疗中心(Psych Central)、夏克

---

1 这档有趣的脱口秀节目以威斯康星州东南部的各种社区组织、企业和事件为话题来源。该节目网址为 https://www.tmj4.com/shows/the-morning-blend。——译者注

露丝品牌（SheKnows）、eHow 网站和雅虎等等。查看他的视频、音频和文章摘录，可登录网站：www.drjohnduffy.com。他还在自己的博客上发布关于有效陪伴的信息，并定期通过 Facebook 和 Twitter 与粉丝进行互动。达菲博士还在全美国范围内就育儿和其他关系话题发表演讲。

达菲博士和妻子朱莉以及他的青少年儿子乔治住在芝加哥郊外。

致读者

Viva Editions 出版社的图书提供信息、启迪和娱乐。我们尽最大努力为读者带来高质量的图书，赞美生活，启发思想，重振精神，改善生活。我们的作者都是务实的梦想家：他们以充满希望和有益的方式提供深刻的智慧。Viva秉承着一种成长的态度，我们想要传播我们的快乐，并提供我们的支持和建议，帮助你以 Viva 的方式生活：生气勃勃！

我们感谢所有的读者，并希望继续为大家带来启迪生活的图书。我们诚邀你们给我们写信，提出意见和建议，说出你们希望看到的更多内容。大家也可以登录我们的网络主页，了解新书的书名、作者的活动和特别的优惠。

出版社：Viva Editions

地址：美国加利福尼亚州伯克利市第六街2246号

邮编：94710

网址：www.vivaeditions.com

电话：（800）780-2279

关注我们，请登录推特网：Twitter @vivaeditions

加为好友或加入粉丝团，请登录脸书